로드앤로드 미니스트리

새로운 제자훈련
시리즈

서유진, 최병화, 전효성 지음

Lord&Road Ministry

성경과 문화트렌드 연구소

Lord&Road Ministry

성경과 문화트렌드 연구소

로드앤로드 미니스트리는
온라인과 오프라인에서 성경과 문화트렌드를 접목한
다양한 강의와 칼럼, 책, 교재를 개발하는 연구소입니다.

하나님의 말씀인 성경을
이 시대와 세대에 맞는 목소리로 전달하며
보다 많은 이들이 성경을 읽게 되기를 고대하며 시작하였습니다.
성경이 시대를 초월하여
모든 이에게 가장 생생하고 의미 있는 말씀으로
다가가길 기도하며 나아가는
로드앤로드 미니스트리의
순례의 여정을 함께 응원해주세요!

대표 서유진 목사
현 로드앤로드 미니스트리 대표
전 대한예수교장로회통합 총회교육자원부 교재기획 및 개발
서울대학교대학원 패션디자인전공 석사 (M.S.)
장로회신학대학원 신학과 목회학 석사 (M.Div.)
장로회신학대학원 기독교교육 석사 (M.A.)
장로회신학대학원 신약학 박사과정(Ph.D.) 코스워크 수료

연구원 최병화 목사
현 주와길교회 담임
전 영락교회, 고척교회, 거룩한빛 광성교회
장로회신학대학원 신학과 목회학 석사 (M.Div.)
장로회신학대학원 기독교와 문화 석사 (Th.M.)
장로회신학대학원 기독교와 문화 박사과정(Ph.D.)
코스워크 수료

연구원 전효성 목사
현 주안장로교회
현 소리 미니스트리 크리에이티브 디렉터
전 영락교회
장로회신학대학원 신학과 목회학 석사 (M.Div.)
장로회신학대학원 음악대학원 석사 (M.M.)
단국대학교 문화예술대학원 석사 (M.F.A.)

로드앤로드 미니스트리의
새로운 제자훈련 시리즈를 소개합니다!

로드앤로드
미니스트리의
코드맵

C코드
well-Come
다행이다

하나님의 가족으로
새롭게 걷기
(새가족 교육)

D코드
Direction
시작하다

인생의 방향
재설정하기
(신입리더 및 목자 교육)

E코드
Enter the Bible
성경이다

성경의 기초뼈대
세우기
(성경 기초교육)

B코드
Be Love
사랑하다

사랑이신 하나님과
사랑하며 살기
(인간관계
지혜교육)

A코드
Attitude
살아가다

하나님 나라 시민의
일상 살아가기
(일상 및 일터신학
교육)

G코드
God's Vision
바라보다

하나님의 비전으로
채워지기
(비전과
진로교육)

F코드
Follow the Lord
따라가다

참된 제자로
살아가기
(리더재교육 및
항존직분자 교육)

로드앤로드 미니스트리의 새로운 제자훈련 시리즈는 7가지 주제의 소모임 교재를 합본 개정하여 출간한 것입니다. 이제는 [다행이다], [시작하다], [성경이다], [따라가다], [바라보다], [살아가다], [사랑하다]까지 7가지의 제자훈련 주제를 통합본으로 만나보실 수 있습니다.

로드앤로드 미니스트리의 새로운 제자훈련 시리즈는 장년, 청년, 청소년을 대상으로 하여 사용할 수 있는 교재이며 교재의 질문과 해설글을 읽고 나누기만 해도 모임을 진행할 수 있는 쉬운 교재입니다. 특별히 성경에 기초한 질문과 깊은 적용 질문을 담아내어 성경과 나눔의 균형을 맞춘 교재입니다.

2013년부터 2023년까지 약 300명 이상의 청장년과 만나온 검증된 교재이며 깊은 말씀과 뜨거운 나눔이 가득한 감동교재입니다. 교재는 7가지 모든 주제가 묶여 있는 가이드북 1종(인도자용)과 2권으로 나누어져 있는 워크북 2종(학습자용)으로 구성되어 있습니다.

가이드북에는 워크북의 내용에 더하여 추가해설, 주석과 모임인도법 등 인도자를 위한 내용이 추가되어 있고, 워크북에는 가이드북과 동일한 기본질문과 모임 시 읽을 수 있는 해설글이 담겨 있습니다.

소그룹 교재 상세 활용법은 로드앤로드 미니스트리 유튜브
(서유진 목사 유튜브) 채널에서 확인하실 수 있습니다.

목 차

A코드 Attitude 편

B코드 Be love 편

로드앤로드 미니스트리
새로운 제자훈련의 '코드' 해설

우리가 즐겨 듣는 음악에서 중요한 요소를 선택하라면 '조화'를 이야기할 수 있습니다. 음악은 수만 가지 경우의 수가 어우러져 아름다움을 추구합니다. 그 수많은 경우의 수에서 각 음들은 각자의 정체성을 지니고, 맡겨진 기능에 따라 조화롭게 역할을 수행할 때 비로소 질서 있고 아름다운 소리로 듣는 이들의 귀를 즐겁게 합니다. 음악이 조화를 이루며 아름다운 소리를 내듯이 우리 삶의 자리에서 각자의 개성에 따라 주어진 역할을 잘 감당하고 균형 있는 모습으로 삶을 살아가는 어울림이 바로 음악에서 이야기하는 '조화'라고 설명할 수 있습니다. 즉, 우리 삶의 자리를 음악으로 표현하면, 나에게 주어진 소명의 정체성을 지니고 공동체의 구성원들과 더불어 조화롭게 합력하여 선을 이룰 때 비로소 아름다운 소리를 만들어 내는 것입니다.

우리가 듣고 있는 음악들은 일정한 틀 안에서 수많은 조화로 아름다운 소리를 만들어 냅니다. 우리는 학교에서 음악 시간에 음과 음의 관계를 배웁니다. "계이름 미, 파와 시, 도 사이는 반음이고 나머지는 온음이야." 지금 생각해보면 이 이야기는 음악의 뼈대를 만드는 중요한 원리가 됩니다. 쉽게 말하면 우리가 잘 아는 '도(C), 레(D), 미(E), 파(F), 솔(G), 라(A), 시(B), 도(C)'의 계이름은 시작 음 '도(C)'로부터 시작하여 눈에 보이지 않는 규칙들이 나열된 음의 배열이고, 우리는 이것을 '장음계(Major Scale)'라고 부릅니다. 세상에는 수많은 음계들이 존재하지만 <새로운 제자훈련 시리즈>에서는 우리에게 가장 익숙한 장음계(다른 이름으로 'Major Scale')를 이용해 그리스도인의 정체성은 무엇인지, 우리 삶의 자리에서 감당해야 할 역할이 무엇인지, 우리가 처한 상황 가운데에서 어떤 울림을 내야 하는지 고민해 보고자 합니다.

장음계(Major Scale)를 이용하여 음악을 만든다는 것은 '장음계 규칙을 이용하여 그것을 구조화하고 그 구조 안에서 조화를 이루어 아름다운 울림을 만든다'라고 풀어서 이야기할 수 있습니다. 아름다운 소리를 만들기 위해서는 하나의 재료가 더 필요합니다. 그것은 바로 3화음입니다. 장음계의 규칙 안에서 3화음을 만드는 방법은 의외로 간단합니다. '도(C), 레(D), 미(E), 파(F), 솔(G), 라(A), 시(B), 도(C)' 8개 음계 중에서 하나의 음을 정합니다. 그 정한 음으로부터 시작해서 3번째에 배치된 음과 5번째 배치된 음을 선택합니다. 만약 내가 '도(C)'음을 정했다면, '도(C)'부터 시작하여 음계의 3번째 음인 '미(E)'와 5번째 음인 '솔(G)'이 될 것입니다. 이렇게 구성된 '도(C), 미

(E), 솔(G)'을 3화음이라고 말합니다.

이것이 장음계에서 구성할 수 있는 가장 간단한 구성이지만, <새로운 제자훈련 시리즈>에서는 3화음이 아닌 자기 자신으로부터 7번째 음이 추가된 4화음(예: '도[C], 미[E], 솔[G], 시[B]')의 구성으로 아름다운 소리를 만들어 나갈 것입니다.

아름다운 소리로 우리에게 메시지를 전달하는 음악에는 신비하고 재미있는 비밀이 숨겨져 있습니다. 여기 '도(C)'라는 음이 있다고 해 봅시다. 그 음의 소리는 변하지 않습니다. 어떤 위치에 있더라도 '도(C)'는 일정한 울림으로 우리 귀를 자극합니다. 하지만, 이 '도(C)'가 어떤 위치에 놓이는지에 따라 그 기능은 다르게 나타납니다. 만약, '도(C)'로 시작하는 4화음을 만들었다면, 그 4화음에서는 가장 기본이 되는 중심음으로서 그 기능을 하지만, 만약에 '라(A)'에서 시작되는 4화음에서는 3번째 음으로서 우리가 소위 말하는 밝은 소리를 낼 것인지 어두운 소리를 낼 것인지 결정하는 중요한 역할로서 기능하고, '파(F)'에서 시작되는 4화음에서는 5번째 음으로서, 4화음에서 음악적으로 다양한 변화 가능한 상태를 만드는 기능을 하며, '레(D)'에서 시작하는 4화음에서 7번째 음으로서는 다음 코드로 연결시키거나, 울림을 풍성하게 만들어 주는 기능을 합니다. 음악이 말하는 비밀은 '도(C)'가 지니고 있는 변하지 않는 울림(정체성)은 가지고 있지만, 포지션에 따라 그 기능과 역할을 달리하며 조화 이루는 것을 이야기합니다.

우리의 삶도 음악의 비밀과 같습니다. '나'라는 변하지 않는 하나님의 형상대로 만들어진 정체성을 우리 모두는 지니고 있습니다. 하지만 그 정체성을 가지고 공동체 안에 들어가면 그 역할과 기능이 다르게 나타납니다. '나'라는 정체성은 변하지 않지만 제가 속해 있는 다양한 삶의 자리에서 해야 할 기능과 역할이 다르게 나타나는 것입니다. 그리고 그 다양한 삶의 자리에서 해야 할 기능과 역할에 최선을 다하고 공동체와 더불어 합력할 때, 우리는 이것을 '조화롭다' 또는 '균형 있다'라고 말합니다.

지금까지 이야기를 정리하면 우리는 음악의 일정한 테두리 안에서(일정한 규칙), 자신의 정체성(변하지 않는 소리)을 가지고, 각자 삶의 자리에서 각 기능과 역할을 감당하는 것을 '조화'라고 설명했고, 바로 이 '조화'의 결과가 아름다운 소리로 우리에게 다가옵니다. <새로운 제자훈련 시리즈>에서는 음악에서 이야기하는 '조화'의 원리로 신앙의 여정을 풀어 나가려 합니다. 성경의 테두리 안에서, 자신의 정체성을 확립하고, 자기 삶의 자리에서 주어진 기능과 역할을 수행하여 신앙 공동체 안에서와, 세상에서 아름다운 울림을 만드는 '조화'의 여정 속으로 여러분을 초대합니다.

✦ 추 천 사

그리스도인이란 예수 그리스도를 뒤따르는 사람입니다. 그리스도인은 예수를 주로 고백하고 그가 걸으신 길을 걷고, 그의 말씀을 지키려 하고 그를 닮고자 합니다. 우리는 이런 사람을 제자라고 말합니다. 물론 예수께서 우리와 함께 하시고 힘주셔서 이러한 제자의 길을 갈 수 있습니다. 그리스도인이라면 누구나 어떻게 제자의 길을 가야 하는지 배우고 익혀야 합니다.

로드앤로드 미니스트리의 『새로운 제자훈련 시리즈』는 새로운 세대를 위한 제자훈련 교재입니다. 그동안 한국교회에 익히 알려진 제자훈련 교재가 있었습니다. 하지만 이제 시대가 많이 변했고, 새 술은 새 부대를 요청하고 있습니다. 새 시대에 맞게 제자의 길을 배우고 익힐 수 있는 교재가 나온 것에 하나님께 감사드립니다.

『새로운 제자훈련 시리즈』는 2013년부터 청년들의 교회 정착을 위한 교재로 출발했습니다. 이후 후속 교재가 계속 간행되어 7가지 주제를 다룬 하나의 시리즈가 만들어졌습니다. 더욱이 이 교재는 10년 동안 교회 현장에서 활용되어 깊은 말씀과 뜨거운 나눔으로 그 효과를 증명했습니다. 이제 개정판을 통해 7권이 하나로 묶여 모습을 드러내니, 제자훈련의 새로운 시대를 알리는 나팔소리처럼 들립니다.

『새로운 제자훈련 시리즈』는 성경의 테두리 안에서 자기 정체성을 확립하고, 삶의 현장에서 주어진 기능과 역할을 수행하여 신앙공동체와 세상에서 아름다운 울림을 만드는 '조화'의 삶을 핵심 원리로 제시합니다. 그리스도의 제자라는 정체성과 함께 공동체 안에서 조화로운 삶을 시리즈 전체의 기초로 삼은 것은 새 시대 제자훈련의 방향을 잘 보여줍니다. 이 조화의 여정은 7가지 신앙의 코드로 표현됩니다: C코드 (well-Come, 다행이다), D코드(Direction, 시작하다), E코드(Enter the Bible, 성경이다), F코드(Follow the Lord, 따라가다), G코드(God's Vision, 바라보다), A코드(Attitude, 살아가다), B코드(Be Love, 사랑하다). 각각의 코드는 4개 음으로 화음을 이루고, 7가지 신앙 코드를 하나하나 밟아가면, 신앙공동체의 새가족이 되고, 성경의 기초를 알고, 교회 직분을 재발견하고, 비전과 진로를 깨닫고, 일상과 일터에서 역할과 기능을 수행하고, 관계 속에서 조화를 이루는 법을 습득하게 됩니다.

질문과 해설글을 읽고 나누기만 해도 모임을 진행할 수 있고, 청소년, 청년, 장년을 모두 아우를 수 있고, 성경에 대한 깊은 이해와 뜨거운 나눔의 균형을 맞춘 것은 이 교재의 또 다른 장점입니다. 더욱이 주제에 맞는 갖가지 활동과 직접 작곡하고 작사한 찬양을 수록한 것은 새 시대에 맞는 제자훈련 교재의 품격과 기준을 제시한다고 느껴집니다.

시대가 급격하게 변하고 있습니다. 앞으로 이 사회가 구체적으로 어떤 방향으로 변할지 예측하기는 어렵습니다. 하지만 분명한 것은 산업혁명 이전과 이후가 다르듯이, 앞으로 몇십 년 내에 인류는 지금과는 전혀 다른 사회 속에서 살아가리라는 것입니다. 앞으로 근본적으로 달라진 세계에서 어떻게 주님의 복음을 전하고 주님의 제자를 양육해야 할지 고민이 깊어지는 때에 『새로운 제자훈련 시리즈』를 만난 것은 큰 기쁨입니다. 이 교재는 새로운 시대를 열어가는 개척자의 사명을 지닌 듯합니다.

이 교재를 출발점으로 한국교회에 새로운 제자훈련의 열풍이 불면 좋겠습니다. 이 교재를 통해 예수를 주로 고백하고 예수를 뒤따르는 삶이 신앙공동체와 사회 안에서 아름답고 선한 울림을 만들어내는 조화의 여정이라는 것을 새롭게 확인하게 될 것입니다. 그리고 이 조화의 여정에서 삼위일체 하나님의 사랑과 평화가 충만하게 경험되고, 하나님 나라의 비전과 소망이 무르익고, 새로운 사회와 교회가 모습을 드러내기를 소망합니다. 주님이 이루어주실 것입니다.

장로회신학대학교 역사신학 서원모 교수

✦ 추 천 사

대부분 목회자들은 자신의 삶과 가르침을 통하여 성도들에게 생기가 넘치는 꿈을 꾸며 목회를 합니다. 로드앤로드 미니스트리 사역은 성도들이 살아가는 다양한 자리에서 그리스도를 알아가고, 그리스도를 깨닫는 삶의 자리가 부르심의 자리임을 알때 누리는 단단함과 풍성함을 소망하며 제자훈련 교재를 만들었습니다. 오랫동안 자신들을 쳐서 복종하며 스스로 제자훈련의 연주자가 된 로드앤드 미니스트리의 대표 서유진 목사님과 최병화 목사님 부부가 몸으로 쓴 제자훈련 책은 사람을 변화시키려는 것이 아니라 하나님이 주신 고유한 사람을 발견하는데 초점을 두었습니다. 이 과정은 우리를 변화시키는 것이 아니라 발견하는 기쁨으로 초대하고 있습니다. 나에게서 우리로, 우리에게서 아버지의 관계 안으로 나아가며 각자 내는 화음 소리에 맞추어 춤추게 될 것입니다. 특별히 모든 훈련과정마다 자신들이 직접 작사 작곡한 찬양으로 끝을 맺으며 하나님께 영광을 드리고 있는데, 이 또한 이 교재의 장점이라 생각됩니다. 아무쪼록 본 교재를 통해 자신의 고유함을 발견한 수많은 이들로 인하여 세상에서 그리스도의 풍성함을 맛보게 되길 소망합니다.

다드림 교회 **김병년 목사**

그리스도인의 삶에 있어서 공동체는 참 중요합니다. 서로를 돌보며 마음을 쏟고 함께 기도하는 공동체에 속해 있는 것과 우리가 신앙생활을 성숙하게 해내는 것은 서로 맞닿아 있는 개념과도 같기 때문입니다. 우리는 공동의 연약함 안에서 서로를 도울 수 있는 은사를 발견하고, 우리가 서로의 안으로 깊이 있게 들어갈 때 우리 안에서 참으로 내주하시는 예수 그리스도가 드러나는 순간을 경험할 수 있습니다. 저는 하나님께서 우리에게 명령하신 "네 이웃을 네 몸과 같이 사랑하라"는 말씀은 공동체 안에서 하나님의 임재를 경험한 분들만 실천할 수 있는 것이라는 생각을 종종하곤 합니다.

현대의 그리스도인 공동체를 위해서 소그룹 모임의 중요성은 아무리 강조해도 지나치지 않습니다. 팬데믹의 위기 이후에도 잘 유지된 교회의 공통점은 소그룹 모임이 활성화된 곳이라는 통계가 있을 정도입니다. 이런 점에서 새로운 제자훈련 시리즈 교재는 소그룹 모임을 진행하는 데 있어 상당히 훌륭한 교재입니다. 친근하며 쉬운 언어로 누구나 소그룹 안으로 쉽게 들어 올 수 있도록 접근하며, 질문과 대답을 통해 점진적으로 하나님 나라에 대한 소망과 은혜를 고백하게 합니다. 특별히 본 교재의 탁월한 점은 "우리가 서로를 위해 존재하고 우리 안에는 우리의 소망이신 예수 그리스도가 있다"는 사실을 일깨워 주는 것을 너무나도 훌륭하게 해낸다는 것입니다.

몇 개월 전에 교회학교 학부모들과 새로운 제자훈련 시리즈 중에서 <다행이다> 교재를 가지고 소그룹 모임을 진행했던 적이 있었습니다. 낯선 분들과의 어색한 모임으로 시작했지만 매 챕터의 말미에 은혜를 나누고 서로를 위해 기도하며 찬양했던 그 순간 시간이 영원을 향해 나아가는 것 같은 기분은 정말 세상의 언어로는 표현이 안되는 벅찬 순간이었음을 고백해봅니다.

이 교재를 가지고 소그룹 모임을 하시는 많은 분들이 저와 같은 경험을 누리시는 은혜가 있길 축복합니다.

한국GM 신우회 회장 강성희 집사

들어가는 말

우리는 모두 누군가에게 소중한 사람이고 싶습니다.
어디서든 필요한 사람이고 싶습니다.

그래서 사람들이 좋아할 만한 것들로 나를 치장하고,
분주히 살아갑니다.

그러나 이러한 노력에도 불구하고
정작 '다행'이란 마음보다
삶에 대한 불안과 피곤함만이 쌓여가고 있지는 않은가요?

여러분에게 '다행'을 드리고 싶습니다.
새가족을 위한 [다행이다]와 함께하는 동안,
'다행'이란 말이 안겨 주는 안도감,
예수 그리스도께서 주시는 '샬롬'이 여러분에게 가득하길 기도합니다.

다 행 이 다

로드앤로드 미니스트리 성경공부 **1**

C코드 well-Come 편 _ 워크북

첫 번째 음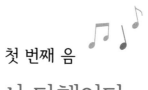

나라서 다행이다

"야곱아 너를 창조하신 여호와께서 지금 말씀하시느니라
이스라엘아 너를 지으신 이가 말씀하시느니라
너는 두려워하지 말라
내가 너를 구속하였고 내가 너를 지명하여 불렀나니
너는 내 것이라"

이사야 43:1

♪ 첫 번째 음 나라서 다행이다

본과의 목적 : 나를 생각하고, 나를 말하고, 나로 자족하기
(Key word - 자족)

1-1 '나는요' 타임 (15분)
- 자기 소개하는 시간을 통해, 나를 생각하고 표현해 봅시다.

1-2 '나라서 다행이다' 말씀 나눔

들어가며 (15분)

우리에게는 두 마음이 있습니다. 누구에게나 있는 모습 그대로 용납 받고 싶은 마음과 누구에게도 진짜 내 모습을 보이고 싶지 않은 마음이 바로 그것입니다. 그래서 우리는 '나답게', '내 모습 그대로' 살기를 갈구하면서도 동시에 타인의 평가가 두려워서 나를 포장하며 살아가려 합니다. 이 두 개의 마음은 한 가지 원인으로부터 기인합니다. 바로 나 스스로에 대해 자족하지 못하는 마음이지요. 여러분은 지금 이 순간, 내가 '나라서 다행이다'라고 고백할 수 있나요? 함께 솔직한 마음을 나누어 봅시다.

말씀 속으로 (45분)

 여기에도 나 스스로에게 만족할 수 없는 한 사람이 있습니다. 그는 조금 불만족하는 게 아니라 총체적인 낙심 가운데 살아가는 사람입니다. 본인 뿐 아니라 주변 사람 그 어느 누구도 이 사람을 향하여 '다행'이라는 말을 해줄 수 없었습니다. 이 사람에게 진정 필요한 것은 무엇일까요?

 *요한복음 9:1-11의 말씀을 함께 읽고 아래의 질문에 답해 보세요.

1) 오늘 말씀에 등장하는 앞을 못 보는 사람에 대한 사람들의 평가는 어떠한가요?

제자들의 평가 (2절) :

이웃 사람들과 전에 그를 봤던 사람들 (8-9절) :

2) 앞을 보지 못하는 사람은 스스로에 대하여 어떤 평가를 내렸을 것 같나요?

1절을 보면 앞을 보지 못하는 이 사람은 '날 때부터 맹인 된 사람'이었습니다. 그는 태어나서 단 한 번도 세상을 보지 못했지요. 자신의 부주의로 사고를 당한 것도 아니고, 병에 걸려 앓다가 불행하게 시력을 잃은 것도 아니었습니다. 이유는 알 수 없지만 태어나는 순간부터 그는 아무것도, 누구도 볼 수 없었습니다. 그는 자신이 왜 맹인으로 살아야 하는지 스스로도 이해하지 못한 채, 그저 구걸하는 것 외에는 할 것이 없는 사람이었습니다. '나는 정말 소중하고 사랑 받는 사람이야. 지금 내 모습이어서 다행이야'라고 생각할 수 없는 사람이었습니다.

그는 그동안 사람들의 평가로 자신을 이해해왔을 것입니다. 제자들의 말처럼 누군가의 죗값을 받는다는 죄책감과 수치심으로 살았을 수도 있고, 이웃 사람들의 말처럼 아무것도 할 수 없는 걸인이 바로 나라고 생각하며 무기력하게 하루하루를 보냈을 것입니다. 이 사람은 열등감에 갇혀 나 자신에 대한 자족도, 감사도, 기쁨도 가질 수 없었을 것입니다.

3) 그러나 예수님께서는 앞을 보지 못하는 이 사람을 향해 어떤 말씀을 해주시나요? (3절, 7절)

4) 예수님 말씀에 순종한 그에게 어떤 일이 일어났나요? (7-11절)

우리는 우리의 아픔, 연약함, 상처, 열등감을 극복해낸다면, 스스로에게 만족하며 살아갈 수 있다고 생각합니다. 그러나 앞서 열거한 것들은 우리 스스로 극복할 수 없습니다. 때론 극복의 의지가 우리를 더욱 비참하게 만들기도 하지요. 정말 우리에게 필요한 것은 오직 "예수 그리스도와의 만남"과 예수님의 말씀에 대한 "순종" 뿐입니다. 우리는 예수님과의 만남을 통해 우리의 아픔, 연약함, 상처, 열등감의 의미를 깨달을 수 있습니다. 또한 우리는 순종을 통해 우리가 결코 해결할 수 없었던 문제로부터 구원 받을 수 있습니다. 구원의 은혜를 경험한 우리는 우리 삶이 하나님의 영광을 드러내는 통로가 된다는 놀라운 감격을 경험하게 됩니다. 그러니 예수님과 만나야만 하는 연약한 내가, 나라서 얼마나 다행입니까?

5) 오늘 말씀을 통해 받은 은혜를 나누어 봅시다. 그리고 나 스스로에게 만족하지 못하게 했던 아픔과 열등감을 서로 나누고, 이 영역이 주님을 만나는 통로가 되도록 기도합시다.

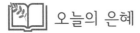 오늘의 은혜

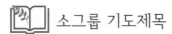 소그룹 기도제목

1-3 고백의 노래 (15분)

- 함께 이 찬양을 마음으로 고백하고, 기도로 마칩니다.

두 번째 음
너라서 다행이다

"새 계명을 너희에게 주노니 서로 사랑하라
내가 너희를 사랑한 것 같이 너희도 서로 사랑하라
너희가 서로 사랑하면 이로써 모든 사람이
너희가 내 제자인 줄 알리라"

요한복음 13:34-35

♪ 두 번째 음 너라서 다행이다

본과의 목적: 너를 이해하고, 너를 돕고, 너를 격려하기
(Key word - 격려)

2-1 '토닥토닥' 게임 (15분)

- 요즘 나를 가장 힘들게 하는 일이 무엇인지 나누어보세요. 그리고 힘들 때에 어떤 말이 가장 듣고 싶은지도 이야기해보세요.

2-2 '너라서 다행이다' 말씀 나눔

들어가며 (15분)

한 방송사에서 아주 흥미로운 실험을 했습니다. 두 개의 밀폐된 용기에 잘 지어진 쌀밥을 넣고 일주일 동안 한 쪽에는 격려의 말을, 한쪽에는 비난의 말을 했을 때 어떤 차이를 보이는지 알아보는 실험이었습니다. 어떤 결과가 나왔을까요? 놀랍게도 격려의 말을 들은 쌀밥은 거의 상하지도 않고 하얀색 곰팡이만 약간 피어 있었습니다.

그러나 비난의 말을 들은 쌀밥은 푸른곰팡이가 가득 피었고 악취도 심했지요. 인격체가 아니었던 쌀밥도 어떤 말을 듣느냐에 따라 이런 엄청난 차이를 보였습니다. 하물며 우리는 어떨까요? 격려의 말을 통해 회복되었던 경험과 비난의 말로 힘들었던 경험을 이야기해봅시다.

말씀 속으로 (45분)

여기에도 격려가 필요한 한 사람이 있습니다. 이 사람은 스스로도 자신이 얼마나 끔찍한 일을 저질렀는지 잘 알고 있습니다. 사람들이 자신을 향해 비난을 퍼붓고 의심하는 것에 변명할 여지조차 없는 사람입니다. 어디에서도 이 사람을 끼어주려 하지 않았지요. 이 사람에게도 친구가 생길 수 있을까요?

*사도행전 9:1-30의 말씀을 함께 읽고 아래의 질문에 답해 보세요.

1) 오늘 말씀에서 등장하는 사울은 어떤 사람이었나요? (1-2, 4-5, 13-14절)

2) 사울은 다메섹에 가던 길에 어떤 일을 경험하게 되나요? (3-9절)

예수님을 믿는 성도들을 잡아서 재판에 넘기는 일을 하던 유대인 사울은 다메섹으로 가던 중이었습니다. 그는 길에서 부활하신 예수 그리스도를 만나게 되고, 그 만남으로 인해 앞을 보지 못한 채 예수님이 보내시는 사람을 만나기까지 사흘간 금식하며 지내게 되지요. 그 사흘간 사울은 어떤 생각을 하며 보냈을까요?

아마도 사울은 자신의 삶을 돌아보며 깊이 회개하는 시간을 보냈을 것입니다. 예수님을 구주라고 시인하는 사람들을 거짓말쟁이라며 괴롭히고 죽여왔는데, 부활하신 예수님을 만남으로써 자신이 무고한 사람들에게 고통을 주었음을 깨달았기 때문입니다. 또한 자신을 위해 십자가에서 돌아가신 예수님을 알지 못해 그분을 박해한 자신의 과거가 얼마나 후회되고 가슴 아팠을까요? 이처럼 죄책감과 후회로 가득한 사울에게 한 사람이 찾아옵니다. 바로 예수님의 제자 아나니아였습니다.

3) 아나니아는 사울에게 찾아가 무엇을 해주었나요? (17-19절)

비난을 받아 마땅한 사울은 그리스도 안에서 아나니아와 친구가 되었습니다. 오늘 말씀을 보면 아나니아의 기도와 도움으로 사울의 영과 육이 회복되는 것을 볼 수 있습니다. 예수님께서는 오늘도 믿음의 친구를 허락하셔서 우리의 영과 육을 회복하시는 분입니다.

4) 회복된 사울은 예수님의 제자들과 친구가 되려고 예루살렘에 갔지만, 제자들의 의심과 거절을 받을 수밖에 없었습니다. 이때 등장하는 사람은 누구이며, 그는 사울을 어떻게 도와주나요? (26-27절)

아나니아에 이어 바나바의 도움으로 사울은 예루살렘 교회의 일원이 되었습니다. 여기에 등장하는 바나바는 도대체 누구일까요? 사도행전 4장 36-37절과 11장 24절을 보면 바나바가 어떤 사람이었는지 알 수 있습니다. 그는 예루살렘 교회에 자신의 소유를 나눈 사람이었으며 '위로의 아들'이라 불렸습니다. 바나바는 착했으며 성령과 믿음이 충만한 사람이었습니다. 이런 연고로 그는 예루살렘 교회 안에서 신뢰와 존경을 받았던 것으로 보여집니다.

모든 사람에게 비난과 거절을 받아도 해명할 길 없는 사울에게 바나바의 도움과 격려는 얼마나 고마운 일이었을까요? 알 수는 없는 일이지만, 아마도 바나바는 사울에게 이렇게 말했을 것 같습니다. "이방민족을 향한 복음의 사도 사울아! 너라서 다행이다."

5) 오늘 말씀을 통해 받은 은혜를 나누어 봅시다. 그리고 우리도 아나니아와 바나바처럼 회복을 돕는 사람으로, 위로하는 사람으로 세워질 수 있도록 함께 기도합시다. 또한 한 주간 한 명을 정해서 "너라서 다행이야"라는 격려의 말을 건네도록 합시다.

 오늘의 은혜

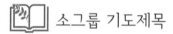 소그룹 기도제목

2-3 고백의 노래 (15분)

- 함께 이 찬양을 마음으로 고백하고, 기도로 마칩니다.

다행이다 쉬어가기

[다행이다]와 함께 한지 절반의 시간이 지났습니다.
그동안 하나님께서 주셨던 은혜를 기억하며 적어봅시다.
그리고 앞으로 남은 시간을 기대하며 기도제목을 기록해봅시다.

항상 기뻐하라 쉬지 말고 기도하라

세 번째 음

예수님 만나 다행이다

"다른 이로써는 구원을 받을 수 없나니
천하 사람 중에 구원을 받을 만한 다른 이름을
우리에게 주신 일이 없음이라 하였더라"

사도행전 4:12

♪ 세 번째 음 예수님 만나 다행이다

본과의 목적: 예수님을 만나고, 예수님으로 인하여 기뻐하기

(Key word - 기쁨)

3-1 '텐 미닛 드로잉' 게임 (15분)

1) 10분 동안, 하나님과 나의 관계를 그림으로 그려보세요.

2) 한 사람씩 돌아가며 그림에 대한 설명을 해보세요.

3-2 '예수님 만나 다행이다' 말씀 나눔

들어가며 (15분)

지난주에 나누었던 사울의 이야기 기억하시나요? 그리스도인들을 핍박하다가 도리어 그리스도를 증거 하게 된 사울 말입니다. 네! 바로 이 사람이 초대교회의 선교 사역을 감당했던 사도 바울입니다. 그는 신약성경 중 13권에 해당하는 서신서를 남긴 것으로도 유명한데요, 그중에서도 로마 감옥에 갇혀 쓴 빌립보서라는 서신서가 있답니다.

빌립보서는 바울이 빌립보 교회에 보내는 편지로, '기쁨'과 관련된 단어를 무려 18번이나 사용하여 "기쁨의 서신"이라고 불리기도 해요. 그런데 참 이상하지 않나요? 바울은 주님을 위해 열심히 전도하다가 도리어 감옥에 갇혔는데, 왜 계속 나는 "기쁘다"라고 말하고, "너희도 기뻐하라"라고 말했던 것일까요? 바울의 기쁨의 원천은 도대체 무엇이었을까요? 오늘 우리도 바울이 말한 기쁨을 누리며 살 수 있는 걸까요?

말씀 속으로 (45분)

여기 한 여인이 있습니다. 인생의 기쁨이라고는 조금도 느낄 수 없는 박복한 여인입니다. 무슨 사정인지는 몰라도 이미 남편은 여러 번 바뀌었고, 사는 게 팍팍하기만 합니다. 뜨거운 햇볕에 말라버린 땅보다 더 마음이 메마른 여인입니다. 이 여인에게 삶의 기쁨이 다시 회복될 수 있을까요?

1) 오늘 말씀에서 예수님은 언제, 어디에 도착하였고, 누구를 만났나요?
(3-7절)

언   제 :

어디에 :

누구를 :

2) 예수님은 이 여인에게 무엇을 요청하였나요? 그리고 이 여인의 반응
은 어떠한가요? (7-9절)

예수님의 요청 (7절) :

여인의 반응 (9절) :

예수님은 유대에서 갈릴리 지역으로 올라가던 중, 그 중간에 위치한 사마리아 지역에 이르셨습니다. 사마리아 지역은 앗수르에 의해 멸망한 북이스라엘 민족의 거주지로, 일반적으로 유대와 갈릴리 지역에 사는 유대인은 사마리아 지역에는 결코 들어가는 일이 없었습니다. 왜냐하면 앗수르는 포로국에 혼혈 정책을 펼침으로써 정복한 국가를 자국에 흡수했고, 유대인은 사마리아 사람을 이방민족의 피가 섞인 더러운 사람들이라고 생각하여 상종하지 않았기 때문입니다. 그런데 그런 곳에 예수님께서 들어가신 것이지요. 4절을 보면 어쩔 수 없이 간 것이 아니라 **의도적으로** 찾아가신 것으로 보입니다. 그리고 예수님께서는 사마리아의 수가라는 동네의 우물가에서 한 여인을 만나고, 유대인의 상식을 깨며 이 여인에게 물을 달라고 말을 건네지요. 이 여인은 자신에게 다가오는 이 남자가 누군지 모르지만, 무척 당황스러웠습니다.

3) 당황하는 여인에게 예수님은 어떤 말씀을 하시나요? 그리고 이 여인의 반응은 어떠한가요? (10-15절)
예수님의 말씀 (10절) :

여인의 반응 (11-12절) :

예수님의 말씀 (13-14절) :

여인의 반응 (15절) :

오늘의 말씀을 보면 동문서답이 이어지는 것 같지만, 이 여인이 다시는 이곳에 물을 길으러 오고 싶어 하지 않는다는 사실을 발견할 수 있습니다. 물을 긷는 일이 귀찮아서일까요? 아니면 여인에게 다른 사연이 있는 걸까요? 아! 그러고 보니, 이 여인은 왜 다른 여인들과 달리 해가 중천에 떠 있는 정오에 혼자 물을 길으러 온 것일까요? 왠지 이 여인에게는 사연이 있는 것 같습니다.

16절~18절을 보면 이 여인의 상황을 짐작해볼 수 있는데요, 이 여인은 과거에 5명의 남편이 있었고 지금 같이 살고 있는 사람이 있음에도 불구하고 스스로 "남편이 없다"라고 말하고 있습니다. 무슨 사정인지는 자세히 나와 있지 않지만 이 여인의 잘못이든, 그렇지 않든 이 여인이 다른 여인과는 다른 삶을 살았던 것은 분명합니다. 여러 남자와 살았지만 남편이 없다고 말하는 이 여인이 동네에서 존귀한 대접을 받았을 거라고는 생각되지 않고요. 아마도 이 여인은 인생의 깊은 굴곡 속에서 외롭게 살아온 것 같습니다. 그녀의 외로운 삶 속에 찾아온 예수님! 그분은 도대체 누구일까요?

4) 여자는 예수님을 누구라고 생각합니까? 그러나 예수님은 자신을 누구라고 말해주시나요?
여자의 생각 (19절) :

예수님의 대답 (25-26절) :

아무도 오지 않는 마을 어귀 우물가에서, 그동안 외롭고 많이도 아팠던 이 여인은 메시야 곧 그리스도인 예수님을 만났습니다. 하루하루 무기력하게 살아야만 했던 이 여인이 드디어 자신을 만나기 위해 사마리아까지 오신 예수님을 만난 것입니다. 우리 예수님은 그녀를 아픔과 고통의 자리에서 기쁨의 자리로 옮기려고 오셨습니다. 예수님은 하늘 보좌 버리시고 이 여인을 향한 사랑의 맘으로 이 땅에, 사마리아에, 그녀의 마음속에 찾아오셨습니다.

이 여인을 만나주셨던 주님은 오늘 우리에게도 찾아오십니다. 우리에게 마르지 않는 삶의 기쁨을 주시려고, 상황과 환경에 굴복되지 않는 기쁨을 주시려고 오늘도 우리를 만나주십니다. "예수님을 만날 수 있어 참 다행입니다."

5) 예수님을 만난 여인은 기쁨을 이기지 못하여 물동이를 내버려두고 동네로 들어갑니다. 그리고 자신이 만난 예수님을 증거하지요(28-30절). 우리도 예수님을 만나 삶의 기쁨이 충만해지기를, 그리고 그 기쁨을 이기지 못하여 복음을 전하는 자로 살아가도록 기도합시다.

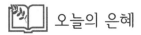 오늘의 은혜

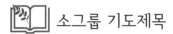 소그룹 기도제목

3-3 고백의 노래 (15분)

- 함께 이 찬양을 마음으로 고백하고, 기도로 마칩니다.

주님은 언제나

- 마태복음 1:23 -

작사 최병화
작곡 전효성

주님은 언제나 우리가운데
주님은 언제나 우리와함께
주님은 언제나 우리를만나길원하네
우리도그주님을 만나길원하네

다행이다 전도 미션

당신의 주변에도 예수님을 만나야만 하는 사람이 있나요?
다음 모임 전까지, 그 사람에게 예수님에 대해 이야기해주세요.
딱딱한 교리 속 예수님이 아니라
당신이 만난 예수님, '나의 예수님'을 꼭 전해주세요.
아래에는 나의 예수님을 전하기 전에
내가 만났던 예수님과의 이야기를 적어볼까요?

나의 예수님 이야기

네 번째 음

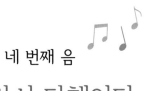

우리라서 다행이다

"믿는 사람이 다 함께 있어 모든 물건을 서로 통용하고
또 재산과 소유를 팔아 각 사람의 필요를 따라 나눠 주며
날마다 마음을 같이하여 성전에 모이기를 힘쓰고
집에서 떡을 떼며 기쁨과 순전한 마음으로 음식을 먹고
하나님을 찬미하며 또 온 백성에게 칭송을 받으니
주께서 구원 받는 사람을 날마다 더하게 하시니라"

사도행전 2:44-47

♪네 번째 음 우리라서 다행이다

본과의 목적: 새로운 가족을 만나고, 서로 사랑하기

(Key word - 사랑)

4-1 '사랑의 안경' 게임 (15분)

- 사랑의 안경을 끼고 서로의 존재를 축복해 주는 시간을 가져보자.

4-2 '우리라서 다행이다' 말씀 나눔

들어가며 (15분)

예수님께서 공생애를 보내실 때에, 예수님의 가족들이 예수님을 찾아왔습니다. 그래서 한 사람이 예수님께 "당신의 어머니와 동생들이 밖에 있습니다"라고 말했지요. 그러자 예수님께서는 손을 내밀어 제자들을 가리키시며, "누구든지 하늘에 계신 내 아버지의 뜻대로 하는 자가 내 형제요 자매요 어머니이니라" 하셨습니다. 육의 가족을 넘어 하나님 아버지를 함께 믿는 새로운 가족 공동체의 시대가 열렸음을 말씀해주신 것이지요.

오늘날 교회는 바로 이 예수님의 말씀이 실현된 모임이라 할 수 있습니다. 그렇다면 여러분은 교회 안에서 가족의 사랑과 친밀함을 누리고 계십니까? 여러분에게 교회는 어떤 곳인가요?

말씀 속으로 (45분)

여러분에게 한 편지를 읽어드릴까 합니다. 이 편지는 지금으로부터 약 2,000년 전에 사도 바울이 고린도 교회에 보낸 편지입니다. 어려움에 처한 예루살렘 교회를 위하여 함께 헌금을 모았으면 한다는 내용이었는데요, 바울은 왜 고린도 교회에 이 일을 요청하는 것일까요? 단지 재정적인 도움이 필요해서일까요? 고린도 교회를 위한 하나님의 가르침에 귀를 기울여봅시다.

*고린도후서 8:1-15의 말씀을 함께 읽고 아래의 질문에 답해보세요.

1) 오늘 말씀에서 바울은 고린도 교회의 성도들을 어떻게 부르고 있나요? (1절)

2) 바울은 고린도 교회에게 마게도냐 교회의 어떤 점을 칭찬하고 있나요? (2-5절) 또 왜 마게도냐 교회의 이야기를 전하는 것일까요? (6-7절)

바울은 고린도 교회의 성도들을 향하여 '형제'라고 부르며 편지를 써내려 갑니다. 예수 그리스도로 말미암아 성령 안에서 하나님 아버지의 한 가족 된 고린도 교회의 정체성을 일깨우는 호칭입니다. 바울은 뒤이어 한 가족 인 마게도냐 교회가 극심한 가난에도 불구하고 예루살렘 교회를 위하여 전심으로 헌금한 일을 칭찬합니다. 바울은 마게도냐 교회의 이야기를 전 함으로써, 고린도 교회 역시 예루살렘 교회를 섬기는 일에 열심을 내어주 길 바라고 있습니다.

3) 바울이 헌금하는 일을 통하여 고린도 교회에 알려주는 하나님의 가르 침은 무엇입니까? (8-14절)

4) 하나님께서 위와 같은 가르침을 받은 고린도 교회에 원하시는 마음은 무엇일까요? (11-12절)

히브리 민족에게는 '고엘'이라는 제도가 있었습니다. 가족이나 친족 중에 한 사람이 빚을 지면 가족 중 다른 누군가가 그의 빚을 갚아주고 그들이 종으로 팔려 가지 않게 하는 제도였습니다. 당연히 이 제도를 지키려 하다 보면 손해를 볼 수 있지만, 이스라엘 사람에게 이 고엘 제도는 서로가 서로를 지켜주는 사랑의 약속이었으며 하나님을 섬기는 가족공동체로서의 의무였습니다. 고엘 제도는 죄인으로 죽을 수밖에 없던 우리를 구속해 주신 예수님의 사랑 안에도 녹아 있습니다. 예수님께서 먼저 죄인인 우리를 위해 고엘이 되어주신 것이지요(9절). 그리고 예수님은 이제 우리도 교회라는 새로운 가족공동체를 위하여 서로의 고엘이 되어야 한다고 가르치십니다.

요한복음 13장 34-35절을 보면, "새 계명을 너희에게 주노니 서로 사랑하라 내가 너희를 사랑한 것 같이 너희도 서로 사랑하라 너희가 서로 사랑하면 이로써 모든 사람이 너희가 내 제자인 줄 알리라"라는 예수님의 말씀이 기록되어 있습니다. 마게도냐 교회의 성도들은 많은 시련과 극심한 가난 속에서도 예수님의 이 명령을 위하여 가족으로서의 책임을 다했던 것이지요. 이제는 고린도 교회가 자원하여 사랑의 진실함을 증명할 차례가 되었습니다. 서로를 책임지는 가족으로서의 구체적인 헌신의 요청에 응답해야 하는 때가 되었습니다. 바울이 고린도 교회에게 희망하는 답신은 "주님 안의 한 가족인 너와 나, 우리라서 다행이다"가 아니었을까요?

5) 하나님 아버지 안에서 한 가족인 우리는 예수님께서 본을 보이신 것처럼 서로를 책임지고 사랑해야 합니다. 그 누구도 이 명령에서 예외가 될 수는 없습니다. 앞으로 교회와 속한 공동체에서 어떤 모습으로 사랑을 실천하고 싶은지 나누어봅시다.

 오늘의 은혜

 소그룹 기도제목

4-3 고백의 노래 (15분)

- 함께 이 찬양을 마음으로 고백하고, 기도로 마칩니다.

✝ 부록

두 번째 음 / 너라서 다행이다.

토닥토닥 게임 – "성경인물 상황카드" 출력용 자료

변화된 사울! (vs 믿지 못하는 사람들)	요셉의 형제들! (vs 요셉)
"사울이 예루살렘에 가서 제자들을 사귀고자 하나 다 두려워하여 그가 제자됨을 믿지 아니하니 바나바가 데리고 사도들에게 가서 그가 길에서 어떻게 주를 보았는지와 주께서 그에게 말씀하신 일과 다메섹에서 그가 어떻게 예수의 이름으로 담대히 말하였는지를 전하니라" (사도행전 9:26-27)	"요셉의 형제들이 그들의 아버지가 죽었음을 보고 말하되 요셉이 혹시 우리를 미워하여 우리가 그에게 행한 모든 악을 다 갚지 아니할까 하고 요셉에게 말을 전하여 이르되 당신의 아버지가 돌아가시기 전에 명령하여 이르시기를 너희는 이같이 요셉에게 이르라 네 형들이 네게 악을 행하였을지라도 이제 바라건대 그들의 허물과 죄를 용서하라 하셨나니 당신 아버지의 하나님의 종들인 우리 죄를 이제 용서하소서 하매 요셉이 그들이 그에게 하는 말을 들을 때에 울었더라" (창세기 50:15-17)
전쟁에서 승리한 다윗! (vs 사울의 질투)	고난 받고 있는 욥! (vs 친구 빌닷의 비난)
"무리가 돌아올 때 곧 다윗이 블레셋 사람을 죽이고 돌아올 때에 여인들이 이스라엘 모든 성읍에서 나와서 노래하며 춤추며 소고와 경쇠를 가지고 왕 사울을 환영하는데 여인들이 뛰놀며 노래하여 이르되 사울이 죽인 자는 천천이요 다윗은 만만이로다 한지라 사울이 그 말에 불쾌하여 심히 노하여 이르되 다윗에게는 만만을 돌리고 내게는 천천만 돌리니 그가 더 얻을 것이 나라 말고 무엇이냐 하고 그 날 후로 사울이 다윗을 주목하였더라" (사무엘상 18:6-9)	"수아 사람 빌닷이 대답하여 이르되 네가 어느 때까지 이런 말을 하겠으며 어느 때까지 네 입의 말이 거센 바람과 같겠는가 하나님이 어찌 정의를 굽게 하시겠으며 전능하신 이가 어찌 공의를 굽게 하시겠는가 네 자녀들이 주께 죄를 지었으므로 주께서 그들을 그 죄에 버려두셨나니 네가 만일 하나님을 찾으며 전능하신 이에게 간구하고 또 청결하고 정직하면 반드시 너를 돌보시고 네 의로운 처소를 평안하게 하실 것이라 네 시작은 미약하였으나 네 나중은 심히 창대하리라" (욥기 8:1-7)

✠ Small-Group Leader Check List

[소그룹/   마을   목장]   (년   월   주차)

점검 사항		1	2	3	4	5
준비단계	말씀 나눔(G.B.S./Q.T.)을 충분히 이해하였는가?					
	성령께서 나를 만지시도록 기도로 준비하였는가?					
	소그룹의 지체들을 위해 중보하였는가?					
	공동체의 리더십들을 위해 중보하였는가?					
	하나님을 기대하는 마음으로 모임을 준비하였는가?					
참여단계	적극적으로 질문과 대답들에 참여했는가?					
	정직하게 자신을 오픈하였는가?					
	지체들의 나눔에 공감하며 경청을 하였는가?					
	모임 중 성령의 인도하심을 계속 기도하였는가?					
	모임 중에 기도가 필요한 지체를 발견하였는가?					
적용단계	삶과 인격 변화를 위한 자신의 적용들은 구체적인가?					
	배운 내용이 삶의 상황에 분명히 적용이 되었는가?					
	소그룹 모임에 대한 만족감이 있었는가?					
	나눔과 모임을 통해 배운 내용들을 잘 소화했는가?					
	삶과 인격의 변화를 위해 기도의 자리를 지키고 있는가?					
전체 점수 (75점~50점 이상 유지)						
돌아보기	- 나에게 필요한 부분들은 무엇인가?					
	- 나 자신을 위해 기도해야 할 내용들은 무엇인가?					
	- 타인을 위해 중보해야 할 내용들은 무엇인가?					
	- 공동체를 위해 중보해야 할 내용들은 무엇인가?					
	- 한 주의 결단을 한 문장으로 기록해보자!					

다행이다 메모리

다행이다를 통해 만났던 이들의 이름과 함께 했던 때를 적어보세요. :-)

언제	누구와

들어가는 말

우리는 누구에게나 꿈이 있었습니다.
아름답고 멋진 삶을 살고자 하는 꿈,
이름을 세상에 알리고 유능한 사람이 되고자 하는 꿈,
세상에 빛과 소금처럼 이바지하고자 하는 꿈.
그러나 현실의 거대한 장벽 앞에서 나의 한계를 느끼고
꿈과 소망을 잃어버린 채
하루하루 힘겹게 감내하며 무력하게 살아가고 있지는 않은가요?

여러분에게 '다시 시작'을 말하고 싶습니다.
로드앤로드 미니스트리 성경공부 교재 [시작하다]와 함께하는 동안
다시 시작하는 설렘과 소망이,
그리고 하나님께서 회복하고 부어 주시는 '부르심'이
여러분의 마음 가운데 가득하기를 기도합니다.

시 작 하 다

로드앤로드 미니스트리 성경공부 ❷

D코드 Direction 편 _ 워크북

첫 번째 음

나로부터 시작하다

"나를 기가 막힐 웅덩이와
수렁에서 끌어올리시고
내 발을 반석 위에 두사
내 걸음을 견고하게 하셨도다"

시편 40:2

♪ 첫 번째 음 나로부터 시작하다

본과의 목적: 나의 한계를 인정하고 하나님과 다시 시작하기
(Key word - 다시, again)

1-1 '나의 꿈은요' 타임 (15분)
[시작하다] 첫 번째 시간입니다! 함께 모인 우리, 아직은 서로에 대해 모르는 것이 많기만 하지요. 오늘 이 시간에는 서로의 꿈이 무엇인지 나누어 봅시다.

1-2 '나로부터 시작하다' 말씀 나눔

들어가며 (15분)
우리가 잘 아는 토마스 에디슨은 백열전구를 발명할 때, 1200번이 넘는 실험을 실패했습니다. 그러나 그는 좌절하지 않고 계속해서 실험하여 마침내 백열전구를 발명하게 되었지요. 에디슨이 거듭된 실패에도 좌절하지 않고 계속해서 실험할 수 있었던 이유는 어디에 있었을까요? 그는 이렇게 말했습니다. "나는 실험에 실패할 때마다 성공을 향해 한 발짝 한 발짝 다가가고 있다고 생각했다."
이 이야기는 오늘 우리에게 생각할 거리를 건네줍니다. 실패보다 중요한 것은 '다시' 일어서는 것이라는 사실을 말입니다. 이 시간, 잃어버리거나 실패했다고 생각했던 나의 꿈에 대해 다시 생각해 봅시다. 그리고 이제는

묻어 두었던, 희미해져 버린 나의 꿈이 하나님 앞에서 어떻게 다시 시작되는지 함께 알아볼까요?

말씀 속으로 (45분)

여기, 자신의 힘으로 무언가를 해보려고 하는 한 사람이 있습니다. 그는 사회적 지위와 힘을 가지고 있었습니다. 또한 의지도 있었습니다. 그래서 나섰지만 결국 좌절하고 도망자의 신세가 되어 광야로 떠나게 되었습니다. 이 사람은 누구일까요? 그는 왜 실패했고, 이루고자 했던 꿈을 잃어버렸을까요?

*출애굽기 2:11-15의 말씀을 함께 읽고 아래의 질문에 답해 보세요.

1) 오늘 말씀에서 모세는 무엇을 보았나요? (11절)

오늘 말씀은 "모세가 장성한 후에"라는 구절로 시작됩니다. 이것은 애굽의 왕자로 살고 있던 모세가 어느덧 힘과 권세를 행사할 만한 위치에 섰음을 의미합니다. 사도행전 7장 23절에 따르면, 이때 모세의 나이는 40세였습니다. 40세라면 국정에 참여할 수 있는 자격과 지략을 충분히 갖추었을 때이지요. 그런 그가 왜 굳이 히브리 노예들이 일하는 곳에 찾아갔던 걸까요? 오늘 말씀 11절에는 모세가 그들을 "자기 형제"로 여겼다고 말하고 있습니다. 모세는 애굽의 왕자로 자랐지만, 자신이 누구인지 알고 있었습니다.

2) 그 다음, 모세는 무엇을 보았나요? 그리고 어떤 행동을 했나요? (12절)

모세는 먼저 자신의 동족이 맞는 것을 보았고, 그 다음은 좌우 주변을 보았습니다. 모세가 주변을 본 이유는 히브리 사람을 친 애굽 사람에게 복수를 하기 위해서였습니다. 모세가 처음부터 그 사람을 죽이려는 의지를 갖고 있었는지는 알 수 없지만, 결국 그는 애굽 사람을 죽이고 말았습니다. 그리고 시체를 모래 속에 감추었습니다.

모세의 입장에서는 동족을 구하기 위함이라는 명분을 가지고 한 행동이었지만, 이것은 하나님의 방법이 아니었습니다. 모세의 방법이었습니다. 스스로 심판자가 되려고 한 성급한 행동이었으며, 명백한 살인 행위였습니다.

3) 이튿날 모세는 어떤 말을 들었나요? (13-14절)

모세는 다음 날 자신의 동족을 구한 그 곳에 다시 찾아갑니다. 비록, 자신의 행동이 과하여 의도치 않게 살인까지 저질렀지만, 그럼에도 그는 동족을 구한 구원자로서의 히브리인들의 지지와 칭송을 기대하며 찾아갔을 것입니다. 그러나 그 현장에서 본 것은 다투고 있는 히브리 사람들이었지요. 그래서 그는 다투는 히브리 사람들 사이에 끼어듭니다. 그리고 잘못한 사람을 책망하기에 이릅니다(출 2:13). 그러자 책망을 받은 히브리 사람이 모세를 향해 말합니다. "누가 너를 우리를 다스리는 자와 재판관으로 삼았느냐! 네가 애굽 사람을 죽인 것처럼 나도 죽이려느냐!"

오늘 말씀 14절을 보면, 모세는 이 말을 듣고 두려워했다고 기록하고 있습니다. 모세의 두려움은 자신이 살해한 애굽 사람을 아무도 모르게 숨겨 두었다고 생각했는데, 그것을 누군가 알고 있고 폭로함으로 인해 생긴 감정입니다. 또한 그 사실을 폭로한 사람이 애굽 사람이 아니라, 자신이 도와야 한다고 생각했던 히브리 사람이었습니다.

4) 모세는 자신이 한 일이 탄로가 났음을 알았을 때, 어떠한 행동을 했고, 왜 그렇게 행동을 했나요? (15절)

행동 :

이유 :

모든 일이 발각되자 바로는 모세를 죽이려 하고, 모세는 애굽에서 미디안 땅으로 도망을 칩니다. 모세의 모든 꿈과 계획은 순식간에 사라져 버렸고, 그에게 남은 것은 거친 미디안 광야에서 목자로서의 삶뿐이었습니다. 자기 인생을 돌아볼 때, 모세는 하나님에게도 버려지고, 동족에게도 버려졌다고 생각했을 것입니다. 자신이 꿈꿨던 꿈과 계획은 혼자만의 착각이었다는 수치심에 휩싸였을지도 모르겠습니다. 이제 모세에게 모세 자신은 인생의 실패자요, 어디에도 소속되지 않은 나그네 일뿐이었습니다(출 2:22).

모세처럼 우리에게도 하나님의 뜻을 위해 시작한 일이 실패로 돌아간 적이 있을 것입니다. 또는 하나님께 간절히 기도했고 분명히 이루어질 거라 믿었던 꿈과 계획이 와르르 무너졌던 경험도 있을 것입니다. 그때, 당신은 어디에 있었나요? 무엇을 하고 있었나요? 내가 옳다고 생각하는 일이 사람들에게 거절 받았을 때, 내 힘과 의지로 최선을 다했지만 결국 실패했을 때, 내가 부족하다고 사람들이 평가할까 봐 두려웠을 때, 내가 꾸었던 꿈이 나 혼자만의 착각이었다고 느껴져 수치스러웠을 때, 당신은 어디에 있었나요? 무엇을 하고 있었나요? 결국, 우리는 나의 한계 앞에서 좌절하고 절망할 수밖에 없습니다. 상처받은 마음을 깊은 곳에 묻어 두고 세상이 이끄는 대로 흘러가는 대로 살아갈 수밖에 없습니다.

그러나 하나님은 이런 우리를 절대로 포기하지 않습니다. 하나님께서는 우리가 더 이상 아무것도 할 수 없다고 인정하는 그때, 하나님의 일을 시작하십니다. 이때가, '하나님께서 시작하는 때'입니다.

하나님께서는 우리를 창조하실 때 품었던 계획, 우리를 이 땅에 보내실 때 새겨 두신 그 부르심을 밝히 보여 주기 원하십니다. 우리를 향하여 다시 일어나 나와 함께 시작하자고 말씀하십니다. 이제 그 하나님과 나의 한계로부터 날아오를 준비가 되었나요?

5) 오늘 말씀을 통해 받은 은혜를 나누어 봅시다. 성령님께서 떠올려 주신 나의 실패와 상처를 정직하게 나누어 보고, 이런 나를 회복하시고 새롭게 시작하실 하나님을 기대하며 기도제목을 나누어 봅시다.

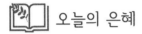 오늘의 은혜

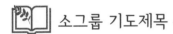 소그룹 기도제목

1-3 고백의 노래 (15분)

- 함께 이 찬양을 마음으로 고백하고, 기도로 마칩니다.

두 번째 음

부름에서 시작하다

"야곱아 너를 창조하신 여호와께서
지금 말씀하시느니라
이스라엘아 너를 지으신 이가 말씀하시느니라
너는 두려워하지 말라
내가 너를 구속하였고
내가 너를 지명하여 불렀나니
너는 내 것이라"

이사야 43:1

♪두 번째 음 부름에서 시작하다

본과의 목적: 하나님의 부름에 순종하기

(Key word - 부름, calling)

2-1 '인생 그래프' 그리기

- 지금까지 살아온 인생을 그래프로 그려 봅시다. 특별히 하나님을 만나고 경험했던 순간을 그래프 위에 표시해 봅시다. 다 그린 후에는 자신의 인생 그래프를 소개해 봅시다.

(긍정) +10 0 -10 (부정)	- 예시 : 인생곡선 그래프				
나 이	Age : ( )	Age : ( )	Age : ( )	Age : ( )	Age : ( )
사건/ 스토리	예시: 여름수련회 저녁 집회에서 기도하는 중에 성령님께서 저를만나 주셨어요! 하나님께서 저를 사랑하신다는 것을 처음으로 느꼈어요.				

우리는 여러 가지 요인으로부터 영향을 받으며 살아갑니다. 제일 먼저는 태어나는 순간부터 부모님과의 만남을 통해 가장 기본적인 욕구와 정서를 형성하게 됩니다. 조금 자란 후에는 친구들과의 만남을 통해서 사회성을 배우고, 학교에 가서는 교육을 받으면서 세상을 바라보는 눈을 형성합니다. 결론적으로 우리는 누군가와의 만남을 통해 자라고 인생의 방향을 결정하게 됩니다.

여러 만남 중에서 우리에게 좋은 영향을 준 것들이 있는가 하면, 부정적인 영향을 끼친 것들도 있습니다. 지금까지 살아오면서 자신에게 가장 큰 영향을 미친 사건이 있다면, 그것이 지금의 나에게 어떤 영향을 주었는지 솔직하게 나누어 봅시다.

2-2 '부름에서 시작하다' 말씀 나눔

들어가며(15분)

4세기 신학자 어거스틴은 <고백록>이라는 책에서 자신이 경험한 놀라운 이야기를 들려줍니다. 하루는 많은 고민으로 마음이 복잡했는데, 이웃집 아이가 부르는 노랫소리가 들려왔습니다. "톨레 레게, 톨레 레게(Tolle Lege, Tolle Lege)!" 이 말은 '들고 읽어라, 들고 읽어라'라는 뜻으로, 이 노랫말이 어거스틴의 복잡한 마음 가운데 들려왔습니다. 순간 그는 성경책을 펼쳐서 읽었습니다. "낮에와 같이 단정히 행하고 방탕하거나 술 취하지 말며 음란하거나 호색하지 말며 다투거나 시기하지 말고 오직 주 예수 그리스도로 옷 입고 정욕을 위하여 육신의 일을 도모하지 말라"(롬 13:13-14).

어거스틴은 이 말씀을 읽는 순간, 하나님의 부름 앞에 엎드렸습니다. 하나님을 진실로 사랑했던 위대한 신학자가 탄생하는 순간이었습니다. 이처럼 하나님의 부름은 언제, 어디에서나, 누구에게나 찾아올 수 있는 일입니다. 이제 우리를 향한 하나님의 부름에 마음을 열고 귀를 기울여 볼까요?

말씀 속으로(45분)

지난주에 우리는 자신의 방법으로 꿈과 계획을 이루려다가 도망자 신세가 된 모세를 만났습니다. 그 후 모세는 어떻게 되었을까요? 미디안 광야의 목자가 된 모세는 어느덧 80세의 노인이 되었습니다. 새로운 꿈을 꾸고 하나님의 일을 하기엔 이미 너무 늙은 것 같은 나이입니다. 또 모세를 기억하던 사람들도 더 이상 그를 기억하지 못할 만큼 오랜 시간이 지난 후입니다.

그런데 그런 모세에게 하나님께서 찾아오십니다. 이름 없는 노인, 이름 없는 한 목자에게 위대하신 하나님은 왜 찾아오신 걸까요? 함께 말씀 속으로 들어가 볼까요?

*출애굽기 3:1-14절과 4:10-17절의 말씀을 함께 읽고 다음의 질문에 답해 보세요.

1) 하나님은 어떤 모습으로 모세에게 찾아오셨나요? 그리고 무엇을 명하셨나요? (3:2, 5, 10절)

하나님께서는 호렙산의 떨기나무 가운데 불꽃으로 임재하십니다. 그리고 정확히 '모세'의 이름을 부르십니다. 하나님께서 찾아온 이는 다른 누구도 아닌 오직 모세였습니다. 아무도 주목하지 않는 늙은 목자 모세에게 찾아오신 하나님께서는 두 가지를 명령하십니다.

하나는 너의 신을 벗으라는 말씀입니다(5절). 신을 벗는 행위는 종이 주인 앞에서 취하는 행동입니다. 따라서 하나님께서 모세에게 이 말씀을 하셨다는 것은 모세를 하나님의 종으로 부르신다는 것을 의미합니다. 둘째로 하나님께서는 모세에게 나의 백성 이스라엘을 애굽에서 이끌고 나오라는 명령을 하십니다(10절). 40년 전 실패했던 그 자리로 돌아가 명령을 수행하라는 것입니다. 갑작스런 하나님의 부름은 모세를 혼란스럽게 하기에 충분했을 것입니다.

2) 하나님의 부름이 있고 난 뒤에, 모세와 하나님의 긴 대화가 시작됩니다. 모세와 하나님의 입장을 정리해 봅시다.
(3:11-14, 4:10-12절)

모세의 입장	하나님의 입장
3:11	3:12
3:13	3:14
4:10	4:11-12

하나님과 모세 사이에서 이어진 긴 대화 속에서, 우리는 모세가 자신을 어떻게 바라보고 있는지 알 수 있습니다. 모세는 자신이 애굽으로 가서 이스라엘 백성을 데리고 나올 만한 인물이 되지 못한다고 생각했습니다. 또한 과거에 자신이 저지른 실수(살인)로 인하여 미디안 광야로 도망을 쳤습니다. 모세는 도망자의 신세로 살아가는 자신의 모습을 부끄럽게 바라봅니다. 모세의 자존감은 무너질 대로 무너져 있습니다. 그러나 하나님께서는 그러한 모세에게 다시, 또다시 말씀하십니다. 하나님께서는 하나님의 능력으로 모세를 세우시고, 사용하실 것을 말씀하십니다. 모세는 하나님의 지속적인 두드림에 심령이 요동치기 시작합니다. 하지만 선뜻 "예"라고 대답하기는 어렵기만 합니다.

3) 하나님의 끊임없는 설득에도 불구하고 모세는 어떻게 답변하나요? 그리고 이어지는 하나님의 말씀은 무엇인가요? (4:13-17절)
모세의 답변(13절) :

하나님의 말씀(14-17절) :

모세는 하나님의 부름을 여러 가지 이유로 거절합니다. 모세는 자신을 '본래 말을 잘 하지 못하는 자', '입이 뻣뻣하고 혀가 둔한 자'라고 말하며, 자신의 한계를 이야기합니다. 심지어는 "보낼 만한 자를 보내소서"라고 말하며, 여전히 자격지심에 빠져 있는 모습을 보이기도 합니다. 그러나 하나님께서는 모세를 끝까지 포기하지 않았습니다. 그리고 자신의 실패 안에 갇혀 있는 모세를 책망하셨습니다. 하나님의 책망은 '이제는 너를 그만 보고, 나를 보라'라는 하나님의 사랑의 외침입니다. 히브리서 12장 8절을 보면 이런 말씀이 있습니다. "징계는 다 받는 것이거늘 너희에게 없으면 사생자요 친아들이 아니니라." 하나님께서는 혼자서 일어설 수 없는 모세를 사랑으로 부르십니다. 아비의 마음으로 부르십니다. 이제는 나를 신뢰하고, 나와 함께 나아가자고 부르십니다.

사랑하는 여러분, 모세를 부르셨던 하나님은 오늘 우리에게도 말씀하십니다. "얘야, 나와 함께 가자. 나와 함께 일어나자." 하나님의 부르심은 결코 후회하심이 없습니다. 하나님은 오늘 이 자리에 있는 우리를 통하여 새 일을 행하실 것입니다. 그리고 그분의 신실하심으로 말미암아 약속하신 모든 것을 이루실 것입니다. 이제 그 하나님의 부름에 "아멘"으로 화답하며 시작할 준비가 되었나요?

4) 오늘 말씀을 통해 받은 은혜를 나누어 봅시다. 하나님의 부름 앞에서 주저하게 되는 나의 연약함과 두려움이 있다면 솔직하게 나누어 봅시다. 그리고 그 모든 것을 초월하여 새로운 일을 행하실 하나님을 기대하며 서로를 축복하는 시간을 가져 봅시다.

 오늘의 은혜

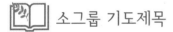 소그룹 기도제목

2-3 고백의 노래 (15분)

- 함께 이 찬양을 마음으로 고백하고, 기도로 마칩니다.

시작 Q.T.

[시작하다]와 함께 하는 동안 출애굽기를 통독하고 묵상해봅시다.
요일마다 아래의 본문을 읽고, 가장 마음에 와 닿은
단어 또는 구절을 기록해봅시다.

월요일	화요일
첫 주: 1-2장	첫 주: 3-4장
둘째 주: 11-12장	둘째 주: 13-14장
수요일	목요일
첫 주: 5-6장	첫 주: 7-8장
둘째 주: 15-16장	둘째 주: 17-18장
금요일	토요일
첫 주: 9장	첫 주: 10장
둘째 주: 19장	둘째 주: 20장

세 번째 음

같이걷기 시작하다

"사백삼십 년이 끝나는 그날에
여호와의 군대가 다
애굽 땅에서 나왔은즉"

출애굽기 12:41

♪ 세 번째 음 같이걷기 시작하다

본과의 목적: 공동체로 부르신 하나님의 뜻 발견하기
(Key word - 구별, 공동체)

3-1 '만약에' 타임 (15분)
- 만약에 당신이 인큐베이터 속에 누워 있는 아기라면, 어떤 기분이 들 것 같나요? 함께 나누어 봅시다.

여기에 박스만한 작은 공간이 있습니다. 이 공간에서 한 아기가 누워 잠을 자고 있습니다. 아기가 세상에 나온다는 것은 축복이지만, 모든 아이가 같은 조건과 환경에서 나오는 것은 아닙니다. 때로는 미처 성장을 마치지 못하고 세상에 나오는 미숙아나, 출생 시 면역체계 등의 문제가 있는 신생아들이 있을 수 있습니다. 이런 아이들은 어머니의 뱃속과 같은 환경을 필요로 합니다. 그것이 바로 인큐베이터입니다. 인큐베이터는 적당한 온도와 습도가 조절되고 필요에 따라 산소와 영양분이 공급됩니다. 세상으로 나오기 전까지 이 인큐베이터는 아기에게 가장 안전한 곳입니다.

그러나 아기는 평생 인큐베이터에서 살 수 없습니다. 딱 필요한 시간만큼 지내고 다시 회복되면 세상 밖으로 나와야 하지요. 오늘 말씀에도 필요 했던 시간을 모두 채우고 세상 밖으로 나오려는 무리가 있습니다. 이들은 누구일까요? 함께 말씀 속으로 들어가 봅시다.

말씀 속으로 (45분)

하나님께서는 모세를 부르시고 이스라엘 백성을 애굽에서 이끌어 내고자 하십니다. 그리고 그들을 아브라함과 이삭, 야곱에게 약속하셨던 약속의 땅, 가나안 땅으로 데리고 가려 하십니다. 이 일은 야곱과 그의 가족이 애 굽으로 내려간 지 430년 만에 일어난 일입니다. 하나님께서는 왜 과거에 야곱으로 하여금 가족을 데리고 애굽으로 가라고 하셨던 걸까요? 그리고 430년이 지난 지금, 왜 이스라엘 백성을 다시 애굽에서 나오게 하려는 걸 까요? 이제 말씀 속으로 들어가 하나님의 위대한 계획을 발견해 봅시다.

*창세기 46:1-47:6의 말씀을 함께 읽고 다음의 질문에 답해 보세요.
(참고: 창 47:27; 출 1:7; 12:40-42)

1) 430년 전 야곱과 그의 가족은 극심한 기근을 맞아 굶어 죽을 위기에 처했습니다. 그러나 그 과정에서 잃은 줄 알았던 아들 요셉이 애굽의 총 리로 있음을 알게 되지요. 애굽으로 떠나기전 야곱은 하나님께 예배를 드 렸습니다. 하나님께서는 야곱에게 어떤 말씀을 주셨나요? (46:3)

하나님께서는 애굽으로 가는 야곱을 안심시킵니다. 그리고 애굽 땅에서 야곱의 가족을 큰 민족으로 번성하게 할 것이라 약속해 주십니다. 하나님의 약속을 받은 야곱은 70명의 가족과 함께 브엘세바를 출발했고, 드디어 애굽에 도착합니다(창 46:27).

2) 애굽에 도착한 야곱은 죽은 줄로만 알았던 요셉을 만납니다. 요셉은 가족들과 감격의 재회를 마치자마자, 야곱의 가족이 애굽에서 머물 수 있는 전략을 이야기합니다. 요셉의 전략은 무엇인가요? (창 46:31-34)

요셉은 그토록 보고 싶었던 가족을 만나자마자, 그들이 애굽에서 합법적으로 머물 수 있는 전략을 이야기합니다. 요셉에게는 회포를 푸는 일보다 그 가족들을 애굽 땅에 머물게 하는 일이 더 중요했기 때문입니다. 요셉은 자신의 사명이 이스라엘 민족을 살리는 하나님의 구원 계획 가운데 있음을 잘 알고 있었습니다(창 50:20). 따라서 요셉은 하나님께서 주신 지혜로 야곱과 그의 가족이 고센 땅에 머물 수 있도록 조치를 취했습니다. 고센 땅은 애굽의 국경 변두리에 있는데다가 애굽 사람들이 가증히 여기는 보잘것없는 땅이었지만, 야곱의 가족이 애굽 사람과 혼탁하게 섞이지 않을 수 있는 안전한 장소였습니다. 또한 이스라엘 민족이 번성하여 애굽을 나가고자 할 때, 출(出)애굽 하기에는 가장 좋은 최적의 장소였습니다. 무엇보다도 고센 땅은 아직 70명일뿐인 야곱의 가족이 큰 민족으로 자랄 수 있는 '하나님의 인큐베이터' 같은 곳이었습니다.

3) 하나님의 인큐베이터인 고센 땅에 살게 된 야곱의 가족은 하나님의 돌
보심을 경험합니다. 하나님께서는 야곱의 가족에게 어떤 은혜를 부어 주
셨나요? (창 47:27; 출 1:7 참고)

하나님께서 구별하여 살게 하신 고센 땅에서 야곱의 가족은 번성해 갔습
니다. 얼마나 많은 수로 불어났는지, 이스라엘 공동체는 애굽 사람과 바
로에게 위협적인 존재가 될 만큼 큰 민족이 되었습니다(출 1:9-10). 이제
이스라엘 공동체는 애굽을 떠날 때가 되었습니다. 고센 땅을 떠나 하나
님께서 말씀하시는 새로운 부름의 땅으로 나아갈 때가 된 것입니다. 그
래서 하나님께서는 모세를 택하여 애굽 땅에 보내셨습니다. 앞서 살펴보
았던 모세를 향한 하나님의 부름은 단순히 개인적인 차원이 아닌, 이스
라엘 공동체 전체를 부르시는 하나님의 대계(大計) 가운데 포함되어 있
었던 것입니다.

4) 하나님께서는 모세를 통하여 애굽을 심판하셨습니다. 그리고 이스라
엘 공동체를 하나님의 나라삼기 위하여 애굽에서 이끌어 내셨습니다. 성
경은 애굽에서 나온 이스라엘 공동체를 무엇이라고 부르고 있나요? (출
12:41 참고)

하나님께서는 아브라함과 이삭, 야곱을 택하여 그들과 약속하셨습니다. 그들의 자손을 번성케 하셔서 한 민족이 되게 하셨습니다. 그들은 바로 '이스라엘'입니다. 애굽에서 그들은 '노예'라 불렸으나 하나님께서는 그들을 '여호와의 군대'라고 부르셨습니다. 하나님께서는 그들이 군대가 될 때까지, 그들을 고센 땅에 구별하여 보호하고 계셨습니다. 그리고 때가 찼을 때, 여호와의 군대로서 출정하게 하셨습니다. 남들이 볼 때는 오합지졸처럼 보일지 모르나, 하나님께선 그들에게 놀라운 승리를 약속해 주셨습니다.

오늘 이 자리에 있는 우리 역시 '여호와의 군대'입니다. 나의 상황과 교회의 형편이 어떻든지, 하나님께서는 섭리 가운데 우리를 준비하고 계셨습니다. 우리를 통하여 우리 교회를 세우고 부흥케 하시기를 고대하셨습니다. 우리는 하나님의 계획을 미처 다 알지 못해 좌절하고 두려웠을지라도, 답답함에 몸부림 쳤을지라도 하나님께서는 신실하게 우리를 준비시키고 계셨습니다.

여러분, 다시 한 번 선포합니다. 우리는 여호와의 군대입니다! 하나님께서는 직접 군대 사령관이 되셔서 우리 교회를 이끌어 가실 것입니다. 우리를 고센 땅인 이 자리에서 번성하게 하시고 신앙을 지키게 하신 하나님께서, 우리에게 확실한 승리를 허락하실 것입니다. 여호와의 군대인 여러분, 이제 하나님과 같이 걸어갈 준비가 되었습니까?

5) 오늘 말씀을 통해 받은 은혜를 나누어 봅시다. 하나님의 섭리 가운데 세움 받은 리더로서 교회를 생각하며 감사의 제목을 나누어 봅시다. 또한 우리 공동체를 향한 하나님의 비전이 무엇인지 나누어 봅시다.

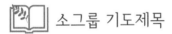 오늘의 은혜

 소그룹 기도제목

3-3 고백의 노래 (15분)

- 함께 이 찬양을 마음으로 고백하고, 기도로 마칩니다.

시작 Q.T.

[시작하다]와 함께 하는 동안 출애굽기를 통독하고 묵상해봅시다.
요일마다 아래의 본문을 읽고, 가장 마음에 와 닿은
단어 또는 구절을 기록해봅시다.

월요일 셋째 주: 21-22장 넷째 주: 31-32장	화요일 셋째 주: 23-24장 넷째 주: 33-34장
수요일 셋째 주: 25-26장 넷째 주: 35-36장	목요일 셋째 주: 27-28장 넷째 주: 37-38장
금요일 셋째 주: 29장 넷째 주: 39장	토요일 셋째 주: 30장 넷째 주: 40장

네 번째 음
일상에서 시작하다

"그러나 너희는 택하신 족속이요
왕 같은 제사장들이요 거룩한 나라요
그의 소유가 된 백성이니
이는 너희를 어두운 데서 불러내어
그의 기이한 빛에 들어가게 하신 이의
아름다운 덕을 선포하게 하려 하심이라"

베드로전서 2:9

♪네 번째 음 일상에서 시작하다

본과의 목적: 삶의 자리에서 하나님의 말씀대로 살기

(Key word - 거룩, 순종)

4-1 하루 시간표 그려 보기 (15분)

- 나의 하루 시간표를 그려 봅시다. 나에게 주어진 시간을 주로 어디에 쓰고 있는지, 어떤 일에 많은 에너지를 쏟고 있는지 이야기해 봅시다.

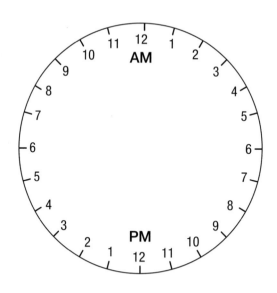

4-2 '일상에서 시작하다' 말씀 나눔

들어가며 (15분)

17세기 신학자 존 오웬은 이렇게 말했습니다. "거룩함은 천국에서 완성되는 것이지만, 그 시작은 이 땅에서 이뤄지는 것이다." 그의 말처럼, 그리스도인의 거룩한 삶은 우리가 살아가고 있는 이 땅의 삶에서부터 시작됩니다. 그리고 거룩한 삶이란 단순히 종교적 행위를 실천하는 것이 아니라 하나님께서 허락하신 매일의 삶을 하나님의 뜻대로 살아가는 것입니다. 이제 거룩한 삶을 향한 하나님의 뜻이 무엇인지 함께 알아볼까요?

말씀 속으로 (45분)

우리는 지금까지 모세를 부르시고, 그를 통하여 이스라엘 공동체를 새로운 삶으로 초청하시는 하나님의 역사를 살펴보았습니다. 이제 하나님께서는 하나님의 주권적인 역사 앞에서 이스라엘 백성이 삶으로 응답하길 원하십니다. 하나님의 놀라운 은혜로 새로운 삶의 길에 들어선 하나님의 백성이 하나님의 백성답게 살아갈 것을 결단하기 원하십니다. 이스라엘을 향한 하나님의 거룩하신 뜻은 무엇일까요? 함께 말씀 속으로 들어가 봅시다.

1) 오늘 말씀은 언제, 어디에서 시작하고 있나요? (19장 1, 2절)

언제 :

어디에서 :

하나님께서는 애굽을 떠난 지 3개월이 지난 후에야 하나님의 뜻을 보이십니다. 홍해를 가르고, 전쟁에서 승리하고, 반석에서 물이 나온 순간이 아니라 아무런 일도 일어나지 않는 것 같은 일상이 지속될 때 비로소 말씀하십니다. 왜 그런 것일까요?

생각해 보면 우리는 수련회나 예배 때 소위 '은혜를 받았다', '불을 받았다'라는 경험을 하고 하나님의 뜻대로 살겠노라 약속하지만, 일상으로 돌아왔을 때에는 그 결단대로 살지 못할 때가 허다합니다. 하나님께서는 우리에게 한 번의 결단이나 단발적인 순종을 원하시는 것이 아닙니다. 그분은 우리의 평생을 드리는 지속적인 순종을 기뻐하십니다. 그렇기 때문에 감정적으로 흥분한 때가 아닌 지극히 평범한 일상 속에서 가장 비범한 하나님의 뜻을 보이고자 하시는 것입니다.

2) 하나님께서 비로소 보이시는 하나님의 뜻은 무엇입니까? (19장 5-6절)

하나님께서는 이스라엘 백성이 거룩한 제사장 되기를 원하셨습니다. 제사장은 어떤 사람일까요? 제사장은 하나님께 드리는 예배를 담당하는 사람으로서, 하나님과의 친밀한 관계 안에서 거룩한 삶을 살아야 할 책임이 있는 사람입니다. 또한 하나님과 사람 사이의 관계가 화목할 수 있도록 중재하는 사람입니다. 하나님께 가까이 나아가고자 하는 이들이 회개하고 하나님의 임재를 경험하도록 돕는 자들이었지요. 따라서 제사장은 단순히 예식에 참여하는 것을 넘어 죄인과 공동체를 위해 눈물로 기도하며 하나님의 대리자로서 거룩한 삶을 살아야 했습니다. 그리고 제사장의 거룩한 삶은 누군가로 하여금 하나님에 대한 갈증과 열망을 일으키는 힘을 가져야 했습니다. 바로 이것이 제사장의 삶입니다.

그러나 훗날 이스라엘 민족은 이 말씀을 오해하기도 했습니다. 우리만 선택받았다는 선민사상으로 지나친 우월감을 가졌기 때문입니다. 그러나 이스라엘이 실패한 이 자리에서, 예수 그리스도는 제사장이 무엇인지 그의 삶으로 분명히 보여 주셨습니다. 히브리서 5장 7절을 보면, "그는 육체에 계실 때에 자기를 죽음에서 능히 구원하실 이에게 심한 통곡과 눈물로 간구와 소원을 올렸고 그의 경건하심으로 말미암아 들으심을 얻었느니라"라고 말하고 있습니다. 예수님은 우월함을 갖기 위해 거룩한 삶을 표방한 것이 아니라, 다른 이를 구원하고 회복하고자 하는 뜨거움으로 경건한 삶을 사셨습니다. 이 예수님의 모습이 진정한 제사장의 삶이라 할 수 있습니다.

3) 하나님께서는 이스라엘을 제사장 나라로 세우기 원하십니다. 그래서 그들에게 구체적인 지침을 주십니다. 오늘날 우리는 그것을 무엇이라고 부르나요? (20장 1-17절)

십계명을 요약하면 '하나님 사랑, 이웃 사랑'이라고 말합니다. 분명 맞는 말입니다. 그러나 하나님의 의도를 이해하지 못하고 '하나님 사랑, 이웃 사랑'을 바라보면 다분히 교회에서의 삶과 교회 밖의 삶을 이분법적으로 구분할 위험이 있습니다. 또한 '이웃 사랑'을 나와 별개인 어떤 대상을 도와야 한다는 1차원적인 사고로 접근할 수도 있습니다. 그러나 나의 이웃은 결국 '내 삶 속에서 만나게 되는 모든 사람'입니다. 내 옆의 가족, 내 옆의 교회 친구, 내 옆의 직장 동료, 내 옆의 대학 동기, 내 옆에 살아가고 있는 누군가입니다. 결코 내가 속한 사회는 교회 안과 교회 밖으로만 구분될 수 없습니다. '나'라는 한 사람이 포함된 곳은 그 어디든 간에 하나님의 말씀대로 살아야 하는 순종의 자리가 되는 것입니다.

4) 출애굽기 20장 1절에서 17절 말씀을 세 번 읽으며 아래의 질문에 답해 봅시다.

① 소그룹 팀원과 함께 소리 내어 읽어 봅시다.

② 각자 눈으로 읽으며 하나님과의 관계에 대한 법과 우리 일상적인 삶에 대한 법을 구분하여 줄을 그어 봅시다.

③ 오늘 나의 마음에 도전을 주고, 계속 생각나는 법을 두 가지 적어 봅시다(하나님과의 관계와 삶에 대한 법에서 한 가지씩).

지금까지 우리는 [시작하다]를 통해 출애굽기 말씀을 살펴보았습니다. 하나님께서는 자신의 힘으로 살려다 실패한 모세를 부르셨고, 모세를 통해 애굽의 핍박 아래 신음하던 이스라엘 백성을 해방시켜 주셨습니다. 그리고 하나님의 은혜로 말미암아 여호와의 군대가 된 이스라엘 공동체가 하나님의 뜻에 합당하게 살기를 원하셨습니다. 그렇다면 이스라엘을 향한 하나님의 뜻은 무엇이었습니까? 바로 그들이 온 세계 열방 가운데 제사장 나라로 세워지는 것이었습니다.

제사장 나라가 된다는 것은 공동체(교회) 안에서만 거룩하고, 종교적 행위만 열심히 행하는 것을 의미하지 않습니다. 첫째는 우리 중심이 하나님과 친밀한 관계를 맺는 것이고, 둘째는 그 관계성을 토대로 하여 우리가 속한 모든 삶의 영역 속에서 하나님의 말씀대로 순종하며 살아가는 것을 말합니다. 그것이 거룩한 삶이요, 제사장다운 삶입니다.

하나님께서는 오늘 이 시간, 우리에게도 거룩한 삶을 요청하십니다. 우리에게 허락하신 매일의 삶에서 제사장 되어 살아가기 원하십니다. 당신은 하나님의 말씀에 순종하는 거룩한 일상을 시작할 준비가 되었나요?

5) 거룩한 삶으로 부름 받은 우리! 이제 우리 일상을 새롭게 시작할 때입니다. 교회 공동체뿐 아니라 모든 삶의 자리에서 하나님의 제사장으로 세워지기를 소망하며, 마음에 새긴 결단을 서로 나누어 봅시다.

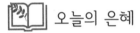 오늘의 은혜

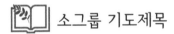 소그룹 기도제목

4-3 고백의 노래 (15분)

- 함께 이 찬양을 마음으로 고백하고, 기도로 마칩니다.

신입리더(목자) 서약서

나 _____ 는(은) _____ 교회 공동체의 리더로서,

하나님과 공동체 앞에서 아래의 약속을 지키기로 서약합니다.

하나, 예수님께서 모든 일에 앞서 기도하셨듯이,
매일 아침을 말씀과 기도로 시작하겠습니다.

둘, 하나님과의 깊은 만남이 있는 예배자가 되어,
매일의 삶 속에서 하나님의 말씀에 순종하겠습니다.

셋, 담당 목회자와 리더의 권위를 인정하고,
결정된 사항이 나의 뜻과 다를지라도 순종하며 협력하겠습니다.

넷. 개인적으로 힘들고 어려운 일이 생겨도
도망치거나 회피하지 않고 공동체에 도움을 요청하겠습니다.

다섯. 소모임에서 나눈 내용은 누구에게도 발설하지 않고,
묵묵히 사랑의 마음으로 기도하겠습니다.

여섯, 리더 공동체의 신뢰를 지키기 위하여
약속 시간에 늦지 않고 연락 없이 빠지지 않겠습니다.

20   년   월   일

이름: (서명)

4W 소그룹 인도법

4W 소그룹 인도법은 인도자를 돕는 4가지 키워드를 중심으로 소그룹 운영팁을 제공하는 것입니다. 기존에 소개되어 온 4W 인도법을 참고하여, 로드앤로드 미니스트리의 인도법으로 수정하였습니다. 모쪼록 신입리더 분들에게 도움이 되기를 기도합니다!

Ⅰ. Welcome (환영)
1. 처음 시작할 때에는 서로 환영하고 안부를 묻도록 합니다.
2. 간단한 다과를 준비하여 함께 나눠 먹어도 좋습니다.
3. 환영 시간은 15분을 넘지 않도록 합니다.

Ⅱ. Worship (찬양)
1. 소그룹 모임 때 함께 찬양을 부르는 것은 경건한 분위기를 형성하는 데 도움을 줍니다.
2. 함께 찬양할 곡을 미리 정하여 악보를 준비해 가도록 합니다.
3. 찬양 중에 모임을 의탁하는 기도를 하고, 성령님께서 모두의 마음을 만지시길 기도합니다.

Ⅲ. Word (말씀)
1. 성경공부를 시작할 때에는 본문 말씀을 찾아 꼭 읽도록 합니다.
2. 인도자는 리더모임에서 배운 내용을 잘 정리해 두고, 중심 흐름을 놓치지 않도록 합니다.
3. 성경공부 중에 이뤄지는 나눔이 말씀에서 벗어날 경우, 인도자는 화제를 전환하여 다시 말씀에 관한 내용으로 돌아오도록 합니다.

Ⅳ. With (교제)
1. 성경공부를 마친 후에는 삶에서 실천할 수 있는 결단을 나누도록 합니다.
2. 서로의 기도제목을 나누고, 함께 기도합니다.
3. 생일 또는 축하할 일이 있다면 함께 축복하는 시간을 갖도록 합니다.

하나님께서 언제나 당신과 함께하시길 기도합니다!
하나님이 기뻐하시고, 사람을 살리는 소그룹을 경험하기를 축복합니다!

시작하다 메모리

언제	누구와

시작하다를 통해 만났던 이들의 이름과 함께 했던 때를 적어보세요. :-)

언제	누구와

✦ 들어가는 말

'저 사람은 어떤 사람인가?'
이 질문에 대한 답은
그가 걸어간 발자취를 통해
발견하게 됩니다.

삶은 어떤 한 순간에 의해
결정되지 않습니다.
우리가 살아가는
한 걸음 한 걸음이 모여
길이 되고,
그 길이 닿은
마지막 지점이
비로소 그가 누구였는지
말해줍니다.

[살아가다]와 함께하는 동안
하나님 앞에서
내딛는 한 걸음.
그 한 걸음의 소중함을
깨닫게 되기를 기도합니다.

살 아 가 다

로드앤로드 미니스트리 성경공부 ③

A코드 Attitude 편 _ 워크북

첫 번째 음
경건하게 살아가다

"제 구 시 기도 시간에
베드로와 요한이
성전에 올라갈새"

사도행전 3:1

♪ 첫 번째 음 경건하게 살아가다

본과의 목적: 경건의 의미를 깨닫고, 경건하게 살기
(Key word - 경건, 순종)

1-1 오프닝 토크 (15분)
'경건'이란 무엇일까요? 내가 생각하는 경건의 의미를 함께 나누어 봅시다.

1-2 '경건하게 살아가다' 말씀 나눔

들어가며 (15분)

신약성경에는 '경건'이라는 단어가 총 15번 등장합니다. 경건은 사전적으로 '공경하며 삼가고 엄숙함'이라는 뜻을 가지고 있는데, 성경 안에서는 '하나님을 사랑하는 마음과 경외하는 마음이 합하여진 것'을 의미합니다. 그래서 우리는 경건을 생각할 때 예배와 기도, 찬양과 같은 수직적 영성만을 생각합니다. 그러나 이것은 반쪽짜리 정의입니다.[1] 진정한 경건이란, '전심으로 하나님을 경외하며 하나님의 기뻐하시는 뜻대로 살아가는 자세(Attitude)를 갖추는 것'입니다.

---

1) 장흥길, 『신약성경 용어해설집』 (서울: 한국성서학연구소, 2017), 39-45 요약.

말씀 속으로 (45분)

오늘 말씀에도 하나님을 전심으로 경외하며 하나님의 뜻대로 살고자 하는 두 사람이 등장합니다. 바로 베드로와 요한입니다. 오순절 성령강림 사건을 통해 예수 그리스도의 십자가와 부활의 의미를 깨닫게 된 이들은, 오늘도 어딘가로 향하고 있습니다. 베드로와 요한이 향하고 있는 곳은 과연 어디일까요? 함께 따라가 봅시다.

* 사도행전 3:1-12절의 말씀을 함께 읽고 아래의 질문에 답해 보세요.

1) 오늘 말씀에서 베드로와 요한은 어디로 향하고 있나요? 또한 그곳으로 향하는 이유는 무엇일까요? (1절)

어 디 :

향하는 이유 :

베드로와 요한은 하루 중 정해진 기도 시간에 성전으로 올라가고 있었습니다. 여기에서 '올라갈새'로 번역된 헬라어는 일회적으로 끝난 행동이 아니라 과거에 반복적으로 지속된 일을 표현하는 단어입니다. 즉, 오늘 말씀에서 베드로와 요한이 기도 시간에 성전에 올라갔다고 기록한 것은 그들이 정해진 시간에 기도하기 위하여 늘 성전에 갔다는 것을 말해 줍니다. 사실 사도행전 2장을 보면 베드로, 요한과 예수님의 제자들은 오순절 성령강림사건을 통해 성령을 경험하고 엄청난 부흥을 경험했습니다. 그런데 오늘 말씀을 보면 이들은 오순절과 같은 뜨거운 예배만 찾는 것이 아니라, 매일의 삶에서 하나님을 만나고 하나님의 음성을 듣는 일을 쉬지 않았습니다. 삶의 자리에서 한결 같은 모습으로 하나님을 사랑하고 경외한 것입니다.

2) 오늘 말씀은 베드로와 요한 말고도, 매일 성전에 오는 한 사람을 소개하고 있습니다. 그는 누구일까요? (2절)

오늘 말씀 2절을 보면, 날마다 성전에 간 또 한 사람을 소개합니다. 그러나 그는 성전 문 앞에 있을 뿐, 성전 안에 들어가지 못했습니다. 왜냐하면 그는 태어나서 단 한 번도 걸어본 적 없는 장애가 있는 사람이었기 때문입니다. 그는 매일 성전 문 앞까지 사람들의 도움을 받아 옮겨지면, 그곳에서 구걸을 하며 살았습니다.

3) 나면서부터 걷지 못하는 사람은 성전 미문 앞에서 지나가던 베드로와 요한에게 구걸을 하였습니다(3절). 그 다음 어떤 일이 일어났나요? (4절, 6-7절)

4절 :

6절 :

7절 :

성전 미문 앞에 앉아 있던 사람은 지나가던 베드로와 요한에게 늘 하던 대로 구걸했습니다. 그는 날마다 이곳에서 구걸하던 사람이었으므로, 아마 베드로와 요한도 그 사람을 본 적이 있었을 것입니다. 따라서 베드로와 요한에게 이 사람이 구걸을 한 행동은 특별히 주목해야 할 일은 아닙니다.

그러나 베드로와 요한은 멈춰 서서 그를 "주목"했습니다. 그리고 그에게 "우리를 보라"라고 말했습니다. 이것은 단순히 베드로와 요한이 구걸하는 사람을 불쌍히 여겨 한 행동처럼 보이지 않습니다. 만약 인지상정의 마음으로 그를 긍휼히 여긴 것이라면, 그저 동전 몇 닢을 나누어주면 될 일입니다. 그런데 베드로와 요한은 그를 유심히 바라보고, 나아가 "우리를 보라"라고 청했습니다.

우리는 베드로와 요한이 그를 보면서 무슨 생각을 했는지 정확히 알 수는 없습니다. 다만 사도행전 전반에 나타나는 성령님의 역사를 기억할 때, 베드로와 요한이 걷지 못하는 자를 주목하여 본 것은 그들의 의지가 아니라 성령님의 개입하심이라는 것을 알 수 있습니다. 또한 베드로와 요한은 그 순간 말씀하시는 성령님의 음성을 민감히 듣고, 순종할 준비가 되어 있었습니다.

그날, 성령님은 베드로와 요한의 '눈을 열어' 매일 그 자리에 있던 구걸하는 자를 보게 하셨습니다. 또 그를 주목하여 봄으로써 그의 내면에 있는 깊은 갈망을 '읽게' 하셨고, 베드로의 '입술을 열어' "나사렛 예수 그리스도의 이름으로 일어나 걸으라!"라고 외치게 하셨으며, 마지막으로 베드로가 '손을 내밀어' 걷지 못하는 자의 오른손을 잡아 일으키게 하셨습니다. 이 놀라운 역사는 결코 베드로와 요한에게 있는 개인의 능력으로 일어난 일이 아니었습니다!(12절)

4) 삶의 자리에서 민감하게 성령님의 음성을 들으며 교통하는 것, 매일 반복되는 일상 속에서 숨겨진 하나님의 뜻을 발견하고 순종하는 것은 일회적인 성령체험으로 가능한 일이 아닙니다. 한결 같이 하나님을 경외하고 하나님의 뜻대로 살아가려는 삶의 자세를 가질 때 나타나는 일입니다. 이러한 삶의 자세를 무엇이라고 부르나요?

디모데전서 4장 8절을 보면 이런 말씀이 있습니다. "몸의 훈련은 약간의 유익이 있으나, 경건 훈련은 모든 면에 유익하니, 이 세상과 장차 올 세상의 생명을 약속해 줍니다"(새번역). 이 말씀은 경건한 삶이 그리스도인에게 얼마나 값지고 유익한 것인지 가르쳐 줍니다. 또한 우리가 경건한 삶을 살기 위해서는 연단의 과정이 필요하다는 것도 가르쳐 줍니다.

날마다 하나님을 경외하고 사랑하는 것, 그분의 기뻐하시는 뜻대로 살아가는 '경건'은 훈련되어야 합니다. 그것이 우리 삶에 자연스럽게 스며들어 거룩한 습관이 되어야 합니다. 마치 베드로와 요한이 항상 성전에 올라가 기도했던 것처럼 말입니다. 그러할 때, 우리는 하나님이 말씀하시는 찰나를 분별하고, 그분께 순종할 수 있을 것입니다.

5) 오늘 말씀을 통해 받은 은혜를 나누어 봅시다. 그리고 경건의 훈련을 위한 개인의 결단을 이야기해 봅시다.

작은 물 한 방울은 결코 큰 바위를 깎아 낼 수 없습니다. 그러나 꾸준히 떨어지는 물 한 방울은 거대한 돌에 구멍을 만들어 냅니다. 우리도 우리에게 주어진 매일의 삶을 경건하게 살아갑시다. 하나님께서 여러분을 통하여 위대한 구원사역을 펼쳐 가시도록!

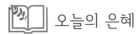 오늘의 은혜

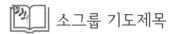 소그룹 기도제목

1-3 고백의 노래 (15분)

- 함께 이 찬양을 마음으로 고백하고, 기도로 마칩니다.

두 번째 음

정직하게 살아가다

"나의 하나님이여
주께서 마음을 감찰하시고
정직을 기뻐하시는 줄을
내가 아나이다…"

역대상 29:17

♪두 번째 음 정직하게 살아가다

본과의 목적: 정직의 의미를 깨닫고, 정직하게 살기
(Key word - 정직, 선택)

2-1 '테이스트 테스트' 게임 (15분)

여러분 앞에는 여러 가지 과자가 섞여서 담겨 있는 그릇이 있습니다. 팀을 나누어 과자를 맛보고, 어떤 과자가 들어 있는지 맞추어 보세요.

2-2 '정직하게 살아가다' 말씀 나눔

들어가며 (15분)

영국 속담 중에, "하루를 행복하려면 이발소에 가고, 일주일을 행복하려면 결혼을 하고, 한 달을 행복하려면 말을 사고, 일 년을 행복하려면 집을 사라. 그러나 평생을 행복하려면 정직해야 한다."라는 말이 있습니다. 이 속담은 우리의 선택에 따른 행복의 유통기한에 대해 말해 줍니다. 또한 그 어떤 선택보다 정직을 택하는 것이 참된 행복의 비결이라고 말합니다. 오늘은 이토록 중요한 '정직'에 대해서 함께 이야기를 나누어 볼까요?

말씀 속으로 (45분)

성경 곳곳에도 정직에 대한 하나님의 말씀이 기록되어 있습니다. 시편 7편 10절에 따르면 하나님은 마음이 정직한 자를 구원하신다고 말씀하시고, 시편 11편 7절은 정직한 자가 하나님의 얼굴을 뵙게 된다고 말합니다. 이처럼 정직은 하나님께서 귀하게 여기는 삶의 자세(attitude)입니다. 그렇다면, '정직'이란 무엇일까요? 오늘의 말씀을 통해 성경이 말하는 정직이 무엇인지 함께 알아봅시다.

* 사도행전 5:1-6절의 말씀을 함께 읽고 아래의 질문에 답해 보세요.

1) 사도행전 5장에는 한 부부가 등장합니다. 그들의 이름은 아나니아와 삽비라입니다. 오늘 말씀 1-2절에 따르면 그들은 어떤 행동을 했나요?

사도행전 5장의 말씀은 아나니아와 삽비라 부부가 자신의 소유를 팔아, 얼마는 감추고 얼마는 사도들 앞에 내놓았다는 내용으로 시작됩니다. 그들이 이러한 행동을 한 이유는 당시 예루살렘 교회 안에서 일어났던 나눔 운동 때문입니다. 사도들을 통해 나타난 성령의 역사로 예루살렘 교회는 큰 은혜를 받았고, 믿는 자들은 한 마음과 한 뜻이 되어 모든 물건을 나누어 쓰기 시작했습니다. 또한 교회 안에 있는 가난한 자들을 위하여, 밭과 집을 가진 사람들이 자발적으로 그것을 팔아 어려운 이들에게 나누도록 했습니다. 아나니아와 삽비라도 이 일에 동참하기 위하여 소유를 팔고, 아나니아가 받은 땅 값의 얼마를 교회의 리더십인 사도들에게 가져온 것입니다.

2) 아나니아가 내어놓은 재물을 보고 베드로는 뭐라고 말했나요? (3-4절)

베드로는 교회를 위하여 예물을 가져온 아나니아를 보고 크게 꾸짖었습니다. 왜냐하면 베드로는 그가 거짓말 하고 있다는 것을 알았기 때문입니다. 베드로가 독심가도 아니고 도대체 어떻게 아나니아의 거짓말을 알았을까요? 오늘 본문에 성령님이 직접 언급되어 있지는 않지만 사도행전에 전반에 나타나는 성령님의 강권적인 역사하심을 기억할 때, 우리는 성령님께서 베드로에게 아나니아가 죄 지은 것을 깨닫게 해주셨다는 사실을 알 수 있습니다.

베드로를 통하여 성령님께서 지적하신 아나니아의 죄는 바로 성령을 속인 죄, 곧 하나님께 거짓말 한 죄입니다. 다시 말해 아나니아가 소유의 일부만 하나님께 드리면서, 전부를 드린 것처럼 말하고 행동했다는 것입니다. 4절을 보면 베드로는 "땅이 그대로 있을 때에는 네 땅이 아니며 판 후에도 네 마음대로 할 수가 없더냐?"라고 말하며, 결코 자신의 소유를 드리는 일이 강압적인 것이 아니었음을 밝히고 있습니다. 그저 자신이 드리고 싶은 만큼 드리면 될 일이었습니다. 그러나 아나니아는 자신의 전부를 드린 사람처럼 보이고 싶었습니다. 결국 아나니아는 사람에게 잘 보이고 싶어, 정작 하나님을 속이는 미련한 선택을 하고 말았습니다. 그리고 이 일로 인하여 아나니아와 삽비라는 하나님의 심판을 받았습니다(5절, 10절).

3) 아나니아가 사람에게 잘 보이고 싶어서 선택한 것은 거짓말이었습니다. 만약 아나니아가 사람이 아닌 하나님께 인정받고 싶었다면 어떤 결정을 했을까요? 여러분의 생각을 자유롭게 나누어 보세요.

아나니아는 어쩔 수 없이 거짓말을 한 것이 아니었습니다. 그는 재물에 대한 욕심과 사람들에게 인정받고 싶은 마음 때문에 스스로 거짓말을 선택했습니다. 만약 그가 하나님께 인정받기를 원했다면 거짓말을 할 수 없었을 것입니다. 나아가 하나님께서 지금도 나와 함께하시고 항상 내 앞에 계신다는 것을 그가 믿었다면, 절대로 하나님을 속일 수 없었을 것입니다. 다시 말해 그가 하나님께서 내 앞에 계시다는 '코람데오'의 신앙을 갖고 있었다면, 전혀 다른 선택을 했을 것입니다.

아나니아는 하나님께 솔직하게 자신의 상태를 이야기하고 도우심을 구할 수 있었습니다. 그는 예루살렘 교회의 사람들에게 자신의 문제를 고백하고 함께 기도해달라 청할 수 있었습니다. 그는 하나님 앞에서 거짓 없는 옳은 선택을 할 수 있었습니다!
여기에서 말하는 '하나님 앞에서 행하는 옳은 선택'은 곧 성경이 말하는 '정직'입니다. 정직은 단순히 거짓말을 안 하는 것보다 더 큰 개념입니다. 정직은 '우리의 모든 삶 속에서 하나님을 인정하며 옳은 것을 선택하는 마음가짐(attitude)'인 것입니다. 따라서 정직한 삶은 세상이 말하는 윤리도덕을 실천하는 수준이 아니라, 신앙에 합당한 선택을 하며 살아가는 것을 의미합니다.

4) 오늘의 말씀을 통해 배운 '정직'에 비추어 보았을 때, 나의 삶 속에서 정직하지 못했던 경험이 있다면 나누어 봅시다. 또는 지금 중요한 선택을 앞두고 고민하고 있는 것이 있다면 솔직히 나누어 봅시다.

 오늘의 은혜

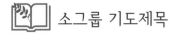 소그룹 기도제목

2-3 고백의 노래 (15분)

- 함께 이 찬양을 마음으로 고백하고, 기도로 마칩니다.

정직하게 살아가리

- 역대상 29:17 -

작사: 서 유 진
작곡: 전 효 성

세 번째 음

절제하며 살아가다

"내가 이르노니
너희는 성령을 따라 행하라
그리하면 육체의 욕심을
이루지 아니하리라"

갈라디아서 5:16

♪ 세 번째 음 절제하며 살아가다

본과의 목적: 절제의 의미를 깨닫고, 절제하며 살기

(Key word - 절제, 자유, 성령)

3-1 오프닝 토크 (15분)

최근에 가장 가지고 싶은 것이 있다면 어떤 것인지, 왜 갖고 싶은지 나누어 봅시다. 또 그것을 통해 느끼게 될 만족감에 대해서 말해 봅시다.

3-2 '절제하며 살아가다' 말씀 나눔

들어가며 (15분)

18세기 미국 보스턴에서 태어난 벤자민 프랭클린 (Benjamin Franklin, 1706~1790)은 그리스도인으로서 초기 미국사회를 위하여 많은 공로를 세운 사람입니다. 그는 평생 13가지 덕목을 적어 두고, 자신의 삶에 이러한 덕목들이 채워지도록 애썼다고 합니다. 그렇다면 그의 목록에서 가장 먼저 적혀 있는 것은 무엇이었을까요? 바로 '절제'였습니다. 벤자민 프랭클린은 삶에서 가장 중요한 것을 '절제'라고 여겼던 것이지요.

오늘 우리도 이 절제에 대한 이야기를 나누어 보려고 합니다. 함께 말씀 속으로 들어가 볼까요?

말씀 속으로 (45분)

신약성경에 나타나는 '절제'라는 단어는 본래 유대교나 구약성경에서 유래한 용어가 아니라, 헬라 세계의 단어를 차용한 것이라고 합니다. 헬라 세계에서 절제란, '자신의 주도권 안에서 모든 욕구를 자유롭게 통제할 수 있는 상태(under control)'를 의미했습니다. 그러나 성경에서 절제란, '예수 그리스도를 믿음으로 자유하게 된 사람이 자신의 정욕을 십자가에 못 박고 성령 안에서 행하는 삶의 자세(attitude)'를 의미합니다.[2] 그런데 절제의 개념만 보아서는 그 의미가 무엇인지 잘 와닿지 않으시죠? 그래서 고린도교회의 이야기를 소개하려고 합니다.

* 고린도전서 10:23-33절의 말씀을 함께 읽고 아래의 질문에 답해 보세요.

1) 오늘 우리가 함께 읽은 본문은 고린도교회를 향한 바울의 권면으로 시작합니다. 함께 23-24절을 읽어 볼까요?

---

2) 장흥길, 『신약성경 용어해설집』(서울: 한국성서학연구소, 2017), 39-45 요약 및 참고.

오늘 말씀에서 사도 바울은 그리스도인의 자유에 대해서 말합니다. 그리스도인에게는 모든 것을 할 수 있는 자유가 있다는 것입니다. 그러나 바울은 이 자유가 교회의 덕을 세우는 것인지, 다른 이의 유익을 구하는 것인지 반드시 살펴보아야 한다고 말합니다. 사도 바울이 이렇게 말한 것은 고린도교회 안에 그리스도인의 자유를 주장하며 절제하지 못하고, 교회를 어지럽히는 이들이 있었기 때문입니다. 도대체 고린도교회 안에 일어난 문제는 무엇이었을까요?

2) 아래의 말씀을 읽고, 구절 안에서 반복되는 동사와 대조되는 동사를 찾아 표시해 보세요. 그리고 고린도교회 안에 있었던 문제가 무엇인지 찾아보세요.

> "무릇 시장에서 파는 것은 양심을 위하여 묻지 말고 먹으라 이는 땅과 거기 충만한 것이 주의 것임이라 불신자 중 누가 너희를 청할 때에 너희가 가고자 하거든 너희 앞에 차려 놓은 것은 무엇이든지 양심을 위하여 묻지 말고 먹으라 누가 너희에게 이것이 제물이라 말하거든 알게 한 자와 그 양심을 위하여 먹지 말라"(25-28절).

고린도교회 안에는 몇 가지 문제가 있었습니다. 그것은 '먹는 것'에 대한 문제였습니다. 당시 고린도 지역은 많은 신전이 있었고, 이방신을 섬기는 지역이었기 때문에 우상제사가 빈번히 행해졌습니다. 그래서 제사에 드려진 음식이 너무 많은 경우에는 그것을 시장에 유통하여 판매했습니다. 그러다 보니, 그리스도인도 이것이 우상제물로 드려졌던 것인지 알지 못하고 먹게 되는 경우가 있었던 것이죠.

그런데 진짜 문제는 고린도교회 안에 있는 몇몇 사람이 우상제물인 것을 뻔히 알면서도 먹는 일이 생긴 것입니다. 심지어 교회의 모든 성도가 함께 모여 나누는 주의 만찬 때에도 절제하지 못하고 우상제물을 가져와 먹는 일이 발생했습니다. 이 일은 교회 안에 많은 분란을 일으켰습니다. 어떻게 그리스도인이 우상숭배에 드려졌던 음식을 먹을 수 있느냐는 입장과 음식은 음식일 뿐인데 무슨 상관이냐고 주장하는 사람이 생긴 것입니다. 그래서 바울은 이 문제에 대한 주님의 권면을 전하고자 했습니다. "누구든지 자기의 유익을 구하지 말고 남의 유익을 구하라"(24절).

3) 25-28절에서 바울은 우상제물에 대한 구체적인 지침을 말하며, '양심을 위하여'라는 말을 반복합니다. 여기에서 언급된 양심은 누구의 양심인가요? (29절)

사도 바울은 25-28절의 권면에서 반복적으로 '양심을 위하여' 이렇게 하라 또는 하지 말라고 이야기합니다. 그럼 그가 말하는 양심은 누구의 양심일까요? 29절을 보면, 바울이 말하는 양심은 자신이 아니라 타인의 양심입니다. 다시 말해 바울은 나의 유익보다 다른 이의 마음을 배려해야 한다고 가르치는 것입니다. 누군가 나의 모습을 보고 그 양심에 거리낌이 없도록, 그 마음이 혼란스럽지 않도록 믿는 자들이 절제하며 행동해야 한다는 것입니다(32-33절).

특히, 바울은 아무리 사소한 것일지라도 믿음이 약한 자들에게는 시험거리가 될 수 있기에 그들을 배려하고, 그들의 입장에서 생각할 것을 권면합니다. 그리스도인은 모든 것을 할 수 있지만, 또한 모든 것을 하지 않을 수 있는 자유도 있는 것입니다.

4) 마지막으로 바울은 고린도교회에 어떤 권면의 말을 남기나요? (31절)

사도 바울은 본문을 통해서 그리스도인의 자유는 궁극적으로 하나님의 영광을 위한 것이어야 한다고 말합니다. 다시 말해 우리의 행동과 삶이 하나님의 이름을 높이고 하나님을 만족하게 해야 한다는 것입니다. 우리에게 아무리 그럴싸한 명분이 있다 해도, 나의 유익만을 추구하는 삶은 결코 하나님 앞에서 합당한 삶이 될 수 없습니다.

하나님께서 우리를 구원하시고 자유를 주신 것은 그 자유로 '육체의 기회'를 삼으라는 것이 아닙니다(갈 5:13). 우리의 욕구만을 충족하며 살라는 것이 아닙니다(갈 2:20). 그러므로 우리는 육체의 정욕을 매일 매일 십자가에 못 박아야 합니다(고전 15:31). 그리고 우리 안에서 일하시는 '성령님의 다스림'을 따라, 우리의 삶에 '절제'라는 성령의 열매가 맺히도록 해야 합니다(갈 5:22-23). 오직 하나님의 영광을 위해서 말입니다.

5) 지금까지 내가 갖고 싶은 것, 먹고 싶은 것, 하고 싶은 것, 사고 싶은 것을 무분별하게 추구하는 삶을 살지 않았는지 돌아봅시다. 또 하나님의 영광과 다른 이의 유익을 위해 절제해야 할 것을 결단해 봅시다.

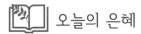 오늘의 은혜

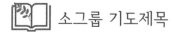 소그룹 기도제목

3-3 고백의 노래 (15분)

- 함께 이 찬양을 마음으로 고백하고, 기도로 마칩니다.

네 번째 음

성실하게 살아가다

"무슨 일을 하든지
마음을 다하여
주께 하듯 하고
사람에게 하듯
하지 말라"

골로새서 3:23

♪ 네 번째 음 성실하게 살아가다

본과의 목적: 성실의 의미를 깨닫고, 성실하게 살기
(Key word - 성실, 최선, 진실함)

4-1 오프닝 토크 (15분)

지금까지 만났던 사람들 중에 가장 성실한 사람은 누구였나요? 그 사람을 보면서 어떤 생각을 했었는지 이야기해 봅시다

4-2 '성실하게 살아가다' 말씀 나눔

들어가며 (15분)

우리가 살아가는 이 시대는 '성실'이 위협받는 시대입니다. 왜냐하면, 성실했음에도 불구하고 실망을 겪은 일들이 많아졌기 때문입니다. 양극화된 사회에서 시작부터 불평등한 경제수준과 기회, 땀이 아닌 땅과 투기로 고액의 수입을 얻는 일이 비일비재하기 때문입니다. 성실한 이들을 낙심하게 하는 일들이 우리 주변에 만연합니다. 성실히만 살면, 꿈을 이룰 수 있다던 말도 다 옛말이 되어 버렸습니다.

그러나 또 다른 한편으로는 불평등한 사회를 탓할 뿐 정작 자신이 해야 할 일을 미루고 무책임한 개인도 발견하게 됩니다. 불규칙한 취침 시간과

기상 시간으로 삶의 균형을 잃어버린 사람, 귀찮으면 연락도 없이 아르바이트를 가지 않는 사람, 약속한 시간에 항상 늦는 사람... 우리는 이러한 사람을 과연 신뢰할 수 있을까요? 성실하지 않은 사회와 성실하지 않은 개인이 서로에게 불신의 벽만 쌓아 가는 현실 속에서 그리스도인은 어떻게 살아가야 하는 걸까요?

말씀 속으로 (45분)

오늘 우리가 함께 살펴볼 골로새서에는 그리스도인들의 삶에 대한 덕목을 다루는 가훈표가 담겨 있습니다. 그리고 그 가훈표에는 우리가 맺고 있는 다양한 관계 속에서 드러나야 할 성실한 삶의 자세(attitude)가 기록되어 있습니다. 하나님께서 가르쳐 주시는 성실한 삶의 원리는 무엇인지, 함께 말씀 속으로 들어가 볼까요?

* 골로새서 3:17-4:1절의 말씀을 함께 읽고 아래의 질문에 답해 보세요.

1) 오늘 말씀에서 모든 일을 "주 예수의 이름으로" 행한다는 것은 무슨 의미일까요? (17절)

'주 예수의 이름으로' 행한다는 것은 우리가 어떠한 일을 하든지 그분을 힘입어, 그분의 권위로 모든 일에 임한다는 것을 의미합니다. 다시 말해 우리가 하는 모든 말과 일이 주님께 속한 일이 되고, 그분께 드려지는 일이 된다는 것입니다. 그래서 모든 일을 대하는 우리의 태도(attitude)는 '코람데오', 하나님 앞에서의 마음과 자세일 수밖에 없습니다. 또한 우리는 일의 높고 낮음을 나누어 최선을 다해야 할 일과 적당히 해야 할 일을 구분할 수 없습니다. 모든 일이 주님의 이름으로 행해질 때, 그것은 거룩하고 귀한 일이 됩니다.

2) 바울이 말하는 그리스도인의 일하는 마음과 자세는 무엇인가요? (22-23절)

마음 :

자세 :

그리스도인은 모든 일을 행할 때 주를 두려워하여 성실한 마음으로 임해야 합니다. 여기에서 성실하다는 것은 22절 안에서 그 의미를 유추해볼 수 있는데, 22절에 아주 재미있는 표현이 등장합니다. 바로 "사람을 기쁘게 하는 자와 같이 눈가림만 하지 말고"라는 구절입니다. 아마 약 2천

년 전에도 주인 앞에서만 열심히 하는 척하고, 주인이 없을 때에는 열심히 일하지 않는 사람들이 있었나 봅니다. 결국 바울이 말하는 성실한 마음은 누가 볼 때에만 최선을 다하는 것이 아니라, 누가 보지 않을 때에도 동일하게 최선을 다하는 마음을 갖는 것입니다. 이 마음은 사람은 나를 보지 않을지라도, 하나님께서는 보고 계신다는 신앙에 기초한 것입니다.

이어서 23절을 보면, 바울은 일에 임하는 성실한 자세에 대해서도 이야기합니다. 그리스도인이 가져야 할 자세는 "무슨 일을 하든지 마음을 다하여 주께 하듯" 하는 것입니다. 여기에서 방점은 '주께 하듯'이라는 부분에 찍혀 있습니다. 한번 생각해 보십시오. 여러분, 그리스도인들에게 주님은 누구십니까? 온 세상을 창조하고 만물을 다스리는 분임에도 불구하고, 나 같은 죄인을 구하시려고 이 땅에 오신 분입니다. 십자가의 모진 고통을 당하시고 나를 구원해주신 분입니다. 한 마디로 주님은 우리 인생의 은인입니다. 그렇다면 모든 일을 주께 하듯이 하라는 말은 어떤 의미입니까? 무슨 일을 하든지 누구를 만나든지 귀한 은인을 대하듯이 하라는 것입니다. 대충, 적당히, 짜증 내거나 불평하지 말고 마음을 다해 진실하게 섬기라는 것입니다.

정리하면, 그리스도인의 일하는 마음과 자세는 '누가 보든지 안보든지 매사에 최선을 다하는 것이고, 또 누구를 대하든지 주님을 대하듯 진실하고 존귀하게 대하는 것'입니다. 우리는 이러한 삶의 태도(attitude)를 '성실'이라고 부릅니다.

3) 여기에 성실한 삶으로 하나님과 사람을 감동시킨 한 사람의 이야기가 있습니다. 아래의 이야기를 함께 읽어 보고 어떤 생각이 들었는지 나누어 봅시다.

미국의 한 도시에서 작은 커피점을 하는 사장님이 있었습니다. 커피점은 비록 규모가 크지는 않았지만, 가게 곳곳마다 사장님의 정성이 가득한 장소였습니다. 그런데 어느 날 그 커피점이 입점한 건물에 대형 프랜차이즈 커피점이 들어왔습니다. 심지어 그 프랜차이즈 커피점은 바로 그 도시에서 시작한 세계적인 브랜드였습니다. 작은 커피점을 운영하는 사장님에게 이 소식은 청천벽력과 같았습니다. '아... 나는 망했다'라고 생각할 수밖에 없는 상황이었습니다. 그런데 놀라운 일이 일어났습니다. 몇 년이 지난 후 사장님의 커피점이 망한 것이 아니라, 대형 프랜차이즈 커피점이 문을 닫고 나가게 된 것입니다. 도대체 어떻게 된 것일까요? 그 이유는 바로 사장님이 가게에 들어오는 손님 한 분 한 분을 예수님처럼 대했고, 그 성실한 마음이 찾아오는 모든 분들에게 감동을 주었던 것입니다.

여기에서 끝날 수 있었던 이 이야기는 후에 미국에 방문했던 한 목사님에게 들려졌고, 목사님은 하나님이 주신 감동을 따라 설교의 자리에서 이 분의 삶을 소개하게 되었습니다. 하나님께서 이 분의 이야기를 많은 그리스도인들에게 들려주고 싶으셨던 것은 아니었을까요?

4) 오늘 우리가 살아가는 삶의 자리에서 성실하게 살아가다 보면 늘 좋기만 한 것은 아닐 수 있습니다. 당장은 손해를 감수해야 할 때도 있습니다. 그럼에도 불구하고 우리가 성실한 삶을 포기할 수 없는 이유는 무엇일까요? (24절)

성경에 의하면, 성실한 삶으로 우리가 얻을 수 있는 것은 이 땅에서의 수입이나 명예를 초월합니다. 오늘 말씀 24절을 보면 하나님께서는 우리에게 하나님 나라의 기업을 약속해 주십니다. 썩어져 없어질 것이 아니라 영원히 썩지 않는 하나님 나라를 선물로 주시는 것입니다. 그러므로 우리는 내가 원하는 결과를 얻지 못한다 해도, 번번이 손해를 본다 해도 요행을 바라지 않고 매 순간을 성실히 살아야 합니다. 누가 알아주지 않으면 어떻습니까? 우리 주님이 보고 계신데요. 누가 속이고 이용하면 어떻습니까? 나의 섬김은 주님께 드린 것인데요. 세상 사람들은 서로에게 실망하여 피차 성실하지 않은 삶을 살아간다 해도, 우리는 끝까지 성실하기를 바랍니다. 하나님 앞에서 성실한 삶, 그 여정을 함께 걸어갑시다.

5) 현재 내가 있는 삶의 자리에서 성실하게 살기 어려웠던 이유를 나누어 봅시다. 서로의 이야기를 경청하고, 성실한 삶을 살아갈 수 있도록 위로 와 격려의 말을 나누어 보세요.

 오늘의 은혜

 소그룹 기도제목

4-3 고백의 노래 (15분)

- 함께 이 찬양을 마음으로 고백하고, 기도로 마칩니다.

다섯 번째 음

책임지며 살아가다

"우리 안에 거하시는
성령으로 말미암아
네게 부탁한
아름다운 것을
지키라"

디모데후서 1:14

♪ 다섯 번째 음 책임지며 살아가다

본과의 목적: 책임의 의미를 깨닫고, 책임지며 살기

(Key word - 책임, 소명)

5-1 '만약에' 토크 (15분)

지금 내가 책임지고 있는 일이나 모임이 있나요? 어떤 마음으로 그것들을 맡고 있나요? 자유롭게 이야기해 봅시다.

5-2 '책임지며 살아가다' 말씀 나눔

들어가며 (15분)

마라톤은 기원전 490년, 그리스가 페르시아와의 전투에서 승리하고 그 기쁨의 소식을 전하기 위해 한 병사가 달려간 것에서 유래되었습니다. 병사의 이름은 필리피데스였는데, 그는 그리스 마라톤에서 아테네까지 약 40km 거리를 달려가 "이겼다"라는 한 마디를 남기고 그 자리에서 숨을 거두었습니다. 1896년 1회 아테네 올림픽에서는 필리피데스를 기념하며 마라톤을 올림픽 정식 종목으로 채택하였습니다. 그리고 마라톤을 완주하여 우승한 사람에게는 '영광'의 상징인 월계관을 씌워주게 되었습니다. 이 이야기는 오늘 우리에게 자신의 소명을 위해 끝까지 충성하는 것이 얼마나 귀한 일인지 가르쳐 줍니다. 또한 내가 맡은 일에 끝까지 책임을 다하며 산다는 것은 무엇인지 돌아보게 합니다.

말씀 속으로 (45분)

오늘의 말씀에도 소명을 위해 끝까지 충성한 한 사람이 등장합니다. 그의 이름은 바울입니다. 다메섹 도상에서 주님을 만난 이후로, 바울은 평생 맡겨진 일을 위해 살았습니다. 그리고 이제 바울은 자신의 삶이 얼마 남지 않은 것을 느꼈습니다. 그래서 바울은 자신의 뒤를 이어 갈 다음 주자를 세우려 합니다. 그 사람은 누구일까요?

* 디모데후서 1:1-2:2절의 말씀을 함께 읽고 아래의 질문에 답해 보세요.

1) 바울은 누구에게 편지하고 있나요? (1:2) 그리고 바울은 그를 어떻게 여기나요? (1:2-5)

누구에게 :

바울이 대하는 모습 :

바울은 오늘 사랑하는 아들 디모데에게 편지하고 있습니다. 디모데는 바울의 친자녀가 아니라, 바울이 2차 전도여행 때 복음을 전하고 영적으로 낳은 아들입니다(행 16:1). 디모데는 바울을 통해 예수 그리스도를 믿은 뒤로, 늘 바울과 함께 복음을 전하고 교회를 섬겼습니다. 디모데는 누구보다 바울 가까이에서 복음을 위해 함께 고난을 받고, 그 복음의 능력을 목도한 사람입니다. 바울은 그런 디모데를 참 사랑했습니다.

그런데 지금, 바울은 디모데와 함께 있지 않습니다. 왜냐하면 바울은 복음을 전하다 다시 로마 감옥에 투옥되었고(8절, 16-17절), 디모데는 에베소교회를 책임지는 지도자로서 그곳에 머물러 있기 때문입니다(18절). 바울과 디모데는 하나님께서 각자에게 주신 소명을 위하여 떨어져 있었지만, 서로를 향한 사랑의 마음은 멀어지지 않았습니다. 바울은 밤낮으로 기도할 때마다 아들 디모데를 쉬지 않고 생각했습니다(3절). 또 디모데가 에베소교회를 위해 흘리는 눈물을 생각하며 바울은 언제나 디모데를 보고 싶어했습니다(4절). 바울은 복음으로 낳은 아들, 디모데를 기도와 사랑으로 끝까지 책임지는 영적 아버지였습니다.

2) 바울은 디모데를 아들로 여기며 사랑했습니다. 동시에 바울은 디모데를 자신의 동역자로 여겼습니다. 8-9절을 읽어보세요.

9절에서 바울은 하나님의 구원과 거룩한 소명을 받은 사람을 '우리'라고 표현합니다. 여기에서 '우리'는 바울과 디모데입니다. 바울은 디모데와 자신을 '우리'라고 언급하며 그들이 단순히 인간적인 친밀함을 나눈 사이가 아니라, 하나님의 은혜로 말미암아 같은 소명에 부름 받은 영적 동역자임을 강조합니다.

그렇다면 바울과 디모데가 받은 거룩한 소명은 무엇일까요? 그것은 오직 하나님의 능력을 따라 복음과 함께 고난을 받는 것입니다(8절). 복음을 위하여 핍박을 받고, 복음을 위하여 죽는 것이 그들의 소명이었습니다. 남들에게는 부끄럽고 딱해 보이는 운명으로 보였겠지만, 바울은 이 소명을 받은 것이 하나님의 은혜라고 말합니다(9절). 바울에게 있어 복음을 위하여 고난을 받는 것은 그리스도 예수를 온전히 따르는 영광스러운 일이었고, 하나님께서 부르시고 허락하시지 않으면 결코 감당할 수 없는 일이었습니다. 바울은 이 귀한 사역에 디모데가 함께하는 것을 기쁘고, 자랑스럽게 여겼습니다.

3) 바울은 다시 한 번 자신이 복음을 위하여 세움 받았음을 선언합니다 (11절). 그리고 자신이 복음을 위해 고난을 받는 거룩한 소명을 감당하고 있음을 자랑합니다. 바울이 자신의 소명을 자랑스러워하는 이유는 무엇인가요? (12절)

바울이 복음을 위하여 고난 받는 것을 부끄러워하지 않은 이유는, 그가 믿는 '하나님' 때문입니다. 바울이 믿는 하나님은 죄인 중의 괴수였던 바울을 용서하시고 구원하시며 하나님 나라의 거룩한 소명을 주신 분입니다. 그가 경험한 하나님은 측량할 수 없는 은혜와 사랑으로 바울과 죄인에게 찾아가는 분이었습니다. 바울은 이 하나님을 믿었습니다. 바울에게 하나님은 가장 큰 자랑이었습니다. 그래서 바울은 하나님께서 맡기신 복음을 위하여 사는 것 또한 자랑스러워한 것입니다.

두 번째로 바울이 고난 받는 것을 자랑스러워한 이유는, 하나님은 반드시 바울이 의탁한 것을 마지막 날까지 지키시고 책임지실 분이기 때문입니다. 하나님은 바울을 이용하기만 하고 버리시는 분이 아닙니다. 하나님은 세상 사람이 다 그를 떠난다 해도 결코 그를 떠나지 않으셨습니다.

실제로 바울은 복음을 전하는 과정에서 많은 배신을 당했습니다. "아시아에 있는 모든 사람이 나를 버린 이 일을 네가 아나니 그 중에는 부겔로와 허모게네도 있느니라"(딤후 1:15). 4장 10절에도, "데마는 이 세상을 사랑하여 나를 버리고 데살로니가로 갔고…"라고 기록합니다. 바울이 그들의 이름을 구체적으로 언급한 것을 보면, 교회 안에서 잘 알려진 사람들이었음이 분명합니다. 교회와 복음을 위해 함께 수고하고 섬기던 동역자들이 하나하나 바울을 버리고, 복음을 버리고 떠나갔음을 알 수 있습니다. 고난이 왔을 때 서로가 힘이 되어주어도 견디기 힘들었을 텐데, 눈앞에서 자신을 버리고 배신하는 사람들을 지켜봐야 했던 바울의 마음이 어땠을까요? 바울도 포기하고 싶지 않았을까요? 그러나 바울은 주님이 주신 거룩한 소명을 끝까지 책임졌습니다. 왜냐하면, 주님이 바울을 끝까지 책임지셨기 때문입니다. 바울은 이런 주님을 자랑스러워했습니다.

4) 바울이 디모데를 끝까지 사랑하고, 복음 전도의 소명을 죽는 날까지 감당할 수 있었던 것은 끝까지 책임지시는 하나님이 계셨기 때문입니다. 이제 바울은 주님과 자신을 본받아(13절) 디모데가 거룩한 소명을 이어 나가기를 부탁합니다. 1장 14절과 2장 2절 말씀을 함께 읽어봅시다.

바울은 디모데에게 우리 안에 거하시는 성령을 힘입어 '복음 전도'의 소명을 이어 가라고 당부합니다. 여기에서 바울은 다시 한 번 '우리'라는 표현을 사용함으로써, 이 책임을 디모데 홀로 짊어져야 한다고 말하지 않습니다. 디모데가 앞으로 걸어갈 길은 반드시 주님이 책임지시고(롬 8:35-39), 바울이 함께할 길입니다. 또한 그 길은 예수님이 먼저 가신 좁고 험한 십자가의 길이지만, 비교할 수 없는 영광을 누리는 아름다운 길입니다(딤후 2:10; 롬 8:18). 바울은 디모데가 끝까지 함께 이 길을 걷기를 간절히 원했습니다.

그런데 디모데에게 맡겨진 책임은 단순히 자신의 믿음만을 지키고 혼자서 복음 전도의 소명을 완수하면 되는 것이 아니었습니다. 디모데에게는 복음 전도의 소명이 끊어지지 않고 지속될 수 있도록 또 다른 이를 세워가야 할 책임이 있었습니다. 주님 오시는 그날까지 영광스런 복음이 전파되고, 그 복음을 위하여 살아가는 사람과 교회를 세우는 것이 디모데에게 맡겨진 일이었습니다.

그렇다면 디모데는 자신에게 주어진 거룩한 소명을 끝까지 완수했을까요? 전해지는 이야기에 따르면, 디모데는 에베소에서 복음을 전하다가 죽음을 맞이했다고 합니다. 디모데 역시 주님이 부르신 길에서 돌이키지 않고 책임을 다 한 것입니다.

순교할지라도 주님이 주신 소명을 끝까지 완수한 바울과 디모데의 모습을 보면서 어떤 생각이 드시나요? 우리는 주님이 주신 소명을 끝까지 책임질 수 있을까요? 분명한 것은 우리는 결코 내 의지와 노력만으로 소명을 감당할 수 없다는 것입니다. 우리에게는 하나님이 필요합니다! 우리를 끝까지 책임지시는 하나님, 우리를 끝까지 붙드시는 하나님, 우리를 고아와 같이 버려두지 않으시고 죽는 그날까지 함께하시는 하나님이 있어야 합니다. 그럴 때 우리는 소명의 걸음을 완주할 수 있습니다. 결국 책임지는 삶이란, '우리를 끝까지 책임지시는 하나님으로 인해 그분이 부르시는 곳까지 완주하는 것'입니다. 한 방향으로의 오랜 순종이 바로 그리스도인의 '책임'입니다.

5) 오늘 말씀을 통해 받은 은혜를 나누어 봅시다. 복음 전도뿐 아니라 우리가 살아가는 삶의 모든 자리에서 우리에게 주신 주님의 소명은 무엇입니까? 교회, 직장, 가정, 세상과 자연 속에서 '책임지며 살아가는' 삶의 모습은 어떠해야 할지, 우리가 지속가능하게 실천할 수 있는 일들은 무엇인지 함께 나누어 봅시다.

 오늘의 은혜

 소그룹 기도제목

5-3 고백의 노래 (15분)

- 함께 이 찬양을 마음으로 고백하고, 기도로 마칩니다.

나의 달려갈 길

- 디모데후서 4:7-8 -

작사: 서 유 진
작곡: 전 효 성

살아가다 메모리

언제	누구와

살아가다를 통해 만났던 이들의 이름과 함께 했던 때를 적어보세요. :-)

언제	누구와

✦ 들어가는 말

하나님은 사랑이십니다.
그리고 우리는 하나님의 형상대로 지음 받았습니다.
그렇기 때문에 우리에게 사랑하는 일은
선택사항이 아니라,
우리의 삶의 목적입니다.

우리가 발을 딛고 살아가는
삶의 자리마다
사랑의 흔적들이 남겨지길 기도합니다.
하나님의 사랑,
그 놀라우신 사랑이
우리에게 사랑하며 사는 기쁨을
가르쳐 주시길 소망합니다.

사 랑 하 다

로드앤로드 미니스트리 성경공부 ④

B코드 Be love 편 _ 워크북

첫 번째 음

신뢰하며 사랑하다

"사자가 이르시되
그 아이에게 네 손을 대지 말라
그에게 아무 일도 하지 말라
네가 네 아들 네 독자까지도
내게 아끼지 아니하였으니
내가 이제야 네가
하나님을 경외하는 줄을 아노라"

창세기 22:12

♪ 첫 번째 음 신뢰하며 사랑하다

본과의 목적: 흔들림 없는 신뢰 속에서 사랑하기
(Key word - 신뢰, 사랑)

1-1 오프닝 토크 (15분)

지금까지 살면서 가장 신뢰했던 사람은 누구인가요? 왜 그 사람을 신뢰했었는지 나누어 보세요.

1-2 '신뢰하며 사랑하다' 말씀 나눔

들어가며(15분)

미국 하버드 대학교에서 무려 75년에 걸친 연구를 통해 '행복의 비밀'이라는 책을 출판했습니다. 75년이라는 긴 시간 동안 이 연구를 진행해 그 결과를 세상에 소개했다는 것이 참 놀랍기만 합니다. 그들이 발견한 행복의 비밀은 바로 '관계'에 있었습니다. 관계를 통해 사랑받고 사랑을 나눌 수 있는 사람은 어려움과 시련이 찾아온다 해도 결국 행복을 느끼며 살았다는 것이 연구진의 결론이었습니다.

그렇다면 이와 같은 사랑의 관계를 이루어가는 데 있어 반드시 필요한 요소는 무엇일까요? 그것은 다름 아닌 '신뢰'입니다. 서로 신뢰할 때, 우리는 사랑하며 살 수 있습니다.

말씀 속으로 (45분)

진실한 사랑은 어둠 속에서 빛을 발합니다. 또 참된 사랑의 관계는 시련과 고난이 있어도 끊어지지 않습니다. 왜냐하면 서로를 향한 신뢰가 그 사랑의 토대이기 때문입니다. 오늘 우리가 함께 살펴볼 말씀에도 '신뢰'라는 기초 위에서 깊은 사랑을 나눈 이야기가 담겨 있습니다. 누구의 이야기일까요? 함께 말씀 속으로 들어가 봅시다.

* 창세기 22장 4-14절의 말씀을 함께 읽고 아래의 질문에 답해 보세요.

1) 오늘 말씀에서 이삭은 어디에, 누구와 함께 있나요?

(2절, 5-6절)

어디 :

누구 :

지금 이삭은 모리아 땅에 서 있습니다. 그는 아버지 아브라함과 하나님께 예배하기 위해 삼일 길을 걸어 왔습니다(4절). 예배하는 곳에 이르러, 아버지 아브라함은 그의 종들에게 예배하는 곳에 따라오지 말고 기다리라고 말합니다(5절). 이삭은 아버지 아브라함과 단둘이서만 예배의 자리로 나아갔습니다(6절).

2) 아버지와 동행하는 길에서, 이삭이 아브라함에게 한 질문은 무엇인가요? 그리고 아브라함은 어떻게 대답했나요? (7-8절)

이삭의 질문(7절) :

아브라함의 대답(8절) :

이상한 일입니다. 하나님께 예배하기 위해 먼 곳까지 왔는데, 정작 하나님께 드릴 번제물은 준비가 되어 있지 않으니 말입니다. 번제물을 태울 나무를 지고 가는 이삭은 아버지 아브라함의 생각을 알 길이 없었습니다. 이삭은 궁금함을 참지 못하고 번제할 어린 양에 대해 아버지께 물었습니다. 이 질문을 듣는 아브라함의 마음은 어떠했을까요?

사실 아브라함이 이 먼 곳까지 온 이유는 하나님의 명령 때문이었습니다. 하나님께서 아브라함에게 모리아 땅에 가서, 그의 독자 이삭을 번제물로 바치라고 말씀하셨기 때문이지요. 너무나 사랑하는 그의 아들, 하나뿐인 아들, 아이가 태어났을 때 그 기쁨을 주체할 수 없어 이름마저도 '웃음'(이삭)이라고 지었던 이삭을 자기 손으로 죽여 하나님께 드려야 하는 아브라함의 마음은 감히 상상하기도 어렵습니다.

그러나, 이러한 상황 속에서도 아브라함은 하나님을 원망하지 않고 이렇게 고백합니다. "내 아들아, 하나님께서 자기를 위하여 친히 준비하실 것이란다." 아브라함의 대답에는 하나님 아버지를 향한 굳은 신뢰가 담겨 있습니다. 그리고 하나님 아버지를 향한 아브라함의 고백은, 아들 이삭으로 하여금 아버지 아브라함을 더욱 신뢰하게 하였을 것입니다.

3) 하나님이 일러 주신 곳에 이르러 아브라함은 제단을 쌓고 그 아들을 결박하여 칼로 그 아들을 잡으려 했습니다. 절체절명의 순간에, 이삭의 말과 행동을 찾아보세요. (9-10절)

번제할 곳에 이른 아브라함은 제단을 쌓았습니다. 그리고 그곳에 번제물을 태울 나무를 펼쳤습니다. 이제 번제물을 올릴 차례입니다. 아브라함은 그의 사랑하는 아들 이삭을 결박했습니다. 그런데 이삭은 저항하거나 도망가지 않았습니다. 아버지가 하는 대로 자신을 내어 맡깁니다.

이삭은 나무 위에 누웠습니다. 사랑하는 아버지가 자신을 향하여 칼을 들었습니다. 이삭은 울부짖거나 소리치지 않습니다. 자신을 사랑하는 그 아버지에게 자기 생명을 맡깁니다. 이 모습은 마치 십자가에 달리던 예수 그리스도를 떠올리게 합니다. 도살장에 끌려가나 아무런 저항도 하지 않았던 어린양 그리스도처럼(사 53:7), 이삭도 아버지 아브라함의 뜻에 순종하였습니다. 이삭의 순종은 온전한 순종이었습니다.

4) 아브라함도, 이삭도 그들의 아버지에게 온전히 순종했습니다. 비록 죽게 된다 해도, 죽는 것과 같은 고통을 겪는다 해도 원망하거나 저항하지 않았습니다. 이들이 그럴 수 있었던 이유는 무엇일까요? (히 11:17-19절)

아브라함이 '믿음의 조상'이라 불리게 된 것은 하나님의 강권적인 선택하심 때문입니다. 그것은 부인할 수 없는 사실입니다. 그러나 하나님께서는 일방적으로 그를 세우신 것이 아니었습니다. 하나님께서는 아브라함을 믿음의 조상이라는 이름에 걸맞은 그릇으로 빚어 가셨습니다. 때로 그가 넘어지고 실패할지라도, 하나님께서는 다시 아브라함을 찾아가 일으켜 주시고 성숙의 길로 이끌어 가셨습니다. 아브라함은 그의 인생을 통하여 좋으신 하나님을 경험했습니다. 그래서 이삭을 바치라는 납득하기 어려운 명령을 받고도 하나님께 순종할 수 있었던 것입니다. 아브라함은 하나님을 온전히 신뢰하였습니다.

한편, 이삭은 이런 아버지 아브라함을 보며 자랐습니다. 이삭은 아버지로부터 하나님 이야기를 얼마나 많이 들으며 자랐을까요? 이삭은 하나님을 신뢰하고 있는 아버지 아브라함을 신뢰했습니다. 이삭은 누구보다도 나를 사랑하는 아버지 아브라함을 굳게 믿었습니다. 사랑하는 여러분, 이처럼 흔들림 없는 신뢰는 죽음조차도 뛰어넘는 힘을 갖는 것입니다. 이삭과 아브라함, 하나님의 관계 속에는 결코 끊을 수 없는 강력한 신뢰의 끈이 묶여 있었습니다.

5) 아브라함과 이삭의 모습을 보시고 하나님의 사자는 무엇이라 말하였나요? (11-12절)

11절 :

12절 :

아브라함과 이삭의 신뢰를 확인한 하나님께서는 하나님의 사자를 통하여 아브라함을 급히 불러 세웠습니다. 그리고 아브라함을 향하여 말씀하셨습니다. "네가 네 아들 네 독자까지도 내게 아끼지 아니하였으니 내가 이제야 네가 하나님을 경외하는 줄을 아노라"(12절). 하나님께서 아브라함에게 이 시험을 명령하셨던 이유가 밝혀지는 순간이었습니다.

하나님께서는 아브라함이 하나님을 경외하는지 알기 원하셨습니다. 여기에서 '경외한다는 것'은 하나님을 온전히 신뢰하는 것, 그리고 그 신뢰를 바탕으로 하여 하나님을 온전히 사랑하는 것을 의미합니다. 이날, 하나님께서는 아브라함의 온전한 신뢰와 사랑의 마음을 받으셨습니다. 또한 이삭이 보인 신뢰와 사랑도 함께 받으셨습니다.

이제 하나님께서는 이들에게 예배를 완성할 번제물을 선물로 주십니다. 여호와 이레! 하나님께서 준비하신 숫양으로 이들은 감사와 기쁨의 예배를 드립니다. 이어서 하나님께서는 다시 한 번 축복의 약속을 주심으로 (16-18절) 아브라함과 이삭의 가문과 영원한 사랑의 관계를 약속해 주셨습니다. 신뢰하며 사랑하는 변치 않는 그 길을 약속하셨습니다.

6) 진정한 신뢰 관계는 환경과 상황으로 인해 깨어지는 것이 아닙니다. 도리어 시험과 연단을 통해 더욱 굳건해집니다. 하나님과의 관계도, 인간관계도 결국 흔들리지 않는 신뢰가 가장 중요합니다. 이 시간 우리에게도 그러한 신뢰가 자라날 수 있도록 하나님께 구하며 나아갑시다.

 오늘의 은혜

 소그룹 기도제목

1-3 고백의 노래 (15분)

- 함께 이 찬양을 마음으로 고백하고, 기도로 마칩니다.

신뢰하며 사랑해요

- 창세기22:12 -

작사: 최 병 화
작곡: 전 효 성

믿을수없는 ― 세상 속에서 ― 믿을수있는 ― 사람 되기를 ―

사랑할수없 ― 는세 상속에서 ― 사랑할수있 ― 기를

두 번째 음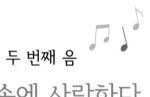

섭리 속에 사랑하다

"이삭이 리브가를 인도하여
그의 어머니 사라의 장막으로 들이고
그를 맞이하여 아내로 삼고 사랑하였으니
이삭이 그의 어머니를 장례한 후에
위로를 얻었더라."

창세기 24:67

♪ 두 번째 음 여호수아와 바라보다

본과의 목적: 하나님의 섭리 속에서 사랑하기

(Key word - 섭리, 발견)

2-1 오프닝 게임 : "이상형 월드컵" (15분)

오늘은 서로의 이상형을 알아보는 시간을 가지려고 합니다. 이상형 월드컵을 통해 내가 갖고 있는 이상형에 대해 나누어 보세요.

2-2 '섭리 속에 사랑하다' 말씀 나눔

들어가며 (15분)

미국의 발명가이자 사업가인 토머스 에디슨은 다음과 같은 명언을 남겼습니다. "천재는 1%의 영감(inspiration)과 99%의 노력(perspiration)으로 완성된다." 마찬가지로 작곡가에게도 하나의 곡이 완성된다는 것은, 한 순간의 영감에 의해서만 결정되는 것은 아닙니다. 오히려 작곡가가 그 곡을 위해 끊임없이 생각하고 노력하여 떠올린 99%의 악상들이 집약되고 정리되면서 오선지에 결과물로 나타나게 되는 것입니다.

그렇다면, 1%의 영감은 왜 필요한 걸까요? 그것은 99%의 노력을 어느 순간 통합하고 하나의 맥으로 꿰어 내는 역할을 담당합니다. 다시 말해,

'영감'은 수많은 노력의 고리들을 연결시켜 특별한 의미를 가진 작품으로 완성하게 하는 힘인 것입니다. 이와 같이 우리 삶에도 1%의 영감이 필요한 순간이 있습니다. 바로 '사랑'이라는 작품을 완성할 때입니다.

말씀 속으로 (45분)

오늘의 말씀에도 한 사람과 또 다른 한 사람이 만나 사랑의 결실을 맺으려 합니다. 이 일을 위하여 많은 수고를 한 사람이 있습니다. 그런데 그의 수고만으로는 사랑의 이야기를 완성할 수 없습니다. 1% 영감처럼, 이 이야기를 완성할 결정적인 한 가지가 필요합니다. 그것은 무엇일까요? 함께 말씀을 통하여 그것을 발견해 봅시다.

* 창세기 24:28-49, 61-67절의 말씀을 함께 읽고 아래의 질문에 답해 보세요.

1) 시간이 흘러 어느덧 이삭의 나이가 40세가 되었습니다. 어머니 사라는 죽었고, 아버지 아브라함도 이젠 많이 늙었습니다. 아브라함은 자신이 죽기 전에 이삭을 위하여 아들의 배우자를 찾으려 합니다. 아브라함은 이 일을 어떻게 진행해 가나요? (34, 37-38절)

아브라함에게 있어서 아들 이삭의 배우자를 찾는 기준은 하나였습니다. 바로 아브라함과 사라를 이어 하나님의 약속을 이어 갈 가정을 세우는 것이었습니다. 그래서 아브라함은 자신이 신뢰하는 종을 불러 이삭의 배우자를 찾아오라고 명령합니다. 아브라함이 종에게 가라고 명한 곳은 그들이 살고 있는 가나안 땅이 아니었습니다. 왜냐하면 가나안 땅의 딸들은 하나님이 아닌 우상을 섬기는 사람들이었기 때문입니다. 아브라함은 종에게 반드시 그의 아버지와 친척의 집으로 가서 이삭의 배우자를 찾아오라고 말하였습니다.

2) 아브라함의 명령을 받은 종은 먼 곳까지 가야 하는 수고를 감당해야 했습니다. 그러나 그 수고보다 걱정되는 것은 이삭의 배우자를 어떻게 발견해야 할지, 또 그 여인을 어떻게 설득해서 데리고 와야 할지 였습니다. 두려워하는 종에게 아브라함은 어떻게 말했나요? (40절)

오늘의 말씀 40절을 보면, 아브라함은 두려워하는 종에게 하나님께서 함께하시고 인도하실 것이라 말해 줍니다. 아브라함의 마음에는 하나님을 향한 굳은 확신이 있었습니다. 첫 번째 시간에 살펴봤던 것처럼 이미 아브라함은 '여호와 이레'의 하나님을 경험한 사람이었기 때문에, 그는 이 과정 속에서 하나님께서 분명히 역사하실 것을 믿고 있었습니다.

3) 드디어 아브라함의 종은 메소포타미아 나홀의 성에 도착했습니다. 그는 성의 우물가에 도착하자마자 무엇을 하였나요?
(12, 42-44절)

목적지에 도착한 아브라함의 종은 그 성 입구에 있는 우물가에 멈추어 섰습니다. 그리고 아브라함의 하나님께 이삭의 배우자를 순조롭게 발견하게 해달라고 간절히 기도했습니다(12, 42절). 종은 자신의 수고만으로는 하나님께서 예비하신 배우자를 찾을 수 없다는 것을 잘 알고 있었습니다. 그래서 그는 그 모든 수고를 헛되지 않게 하실 하나님의 인도하심을 구했습니다.

하나님의 인도하심을 다른 말로 표현하면, '섭리'입니다. '섭리'란, 하나님께서 하나님의 도우심을 구하는 자들에게 친히 개입하셔서 이끌어 가시는 은혜를 의미합니다. 아브라함의 종은 바로 하나님의 섭리를 발견하게 해달라고 기도한 것입니다. 이제 모든 상황을 하나님께 맡긴 종에게 과연 어떤 일이 펼쳐질까요?

4) 성경은 아브라함의 종이 기도를 마치기도 전에 리브가가 나타났다고 기록하고 있습니다(45절). 그리고 리브가가 종이 기도한 대로 모두 행동하였다고 말합니다(46절). 뿐만 아니라 리브가는 종이 그토록 찾던 아브라함의 친척이었습니다(47절). 당신이 아브라함의 종이라면 어떤 마음이었을 것 같나요? 자유롭게 이야기해 봅시다.

오늘 말씀을 보면 아브라함의 종에게 영화 같은 일이 일어났습니다. 남들이 보면 서울에서 김서방 찾기처럼 보일 수 있는 상황이었으나, 아브라함의 종은 낯선 마을에서 하나님께서 정하신 짝, 리브가를 발견했습니다! 어떻게 이런 일이 가능했을까요?

성경은 일관되게, 이 과정에서 하나님의 섭리를 구한 사람들이 있었다고 고백합니다. 그리고 하나님께서는 신실하게 그들의 간구에 응답하셨다고 말합니다. 여기에서 하나님의 인도하심은 놀라운 사랑 이야기를 완성하는 가장 중요한 요소였습니다. 오늘 말씀에 등장한 종의 수고도 하나님의 섭리로 말미암아 비로소 가치 있는 것이 되었습니다.

5) 아브라함의 종은 리브가를 이삭에게로 데리고 왔습니다. 종은 그간의 모든 일을 이삭에게 말해 주며 하나님의 섭리로 인해 발견한 배우자를 소개했습니다(66절). 이후 이삭과 리브가는 어떻게 되었을까요? (67절)

종종 사랑의 결실을 맺어 결혼에 이르는 사람들의 이야기를 들어 보면 "이 사람이 나의 배우자임을 알 수 있었다."라고 이야기합니다. 그러나 때로는 그 확신이 실망으로 변하기도 하고, 좋지 않은 결말에 이르기도 합니다. 분명한 것은 인간의 확신은 아름다운 행복을 담보할 수 없다는 것입니다. 그러나 하나님의 섭리 속에서 사랑을 발견한 사람들은 풍성한 관계를 누리며 살아갑니다. 하나님께서 주시는 안정감 속에서 서로를 통해 깊은 위로와 사랑을 경험합니다. 이삭과 리브가처럼 말입니다.

그러므로 하나님의 섭리 속에서 사랑하는 삶을 추구하는 것은 너무도 중요한 일입니다. 여러분은 여러분의 결혼과 결혼생활을 위하여 하나님의 섭리를 구하고 있나요? 함께 이야기를 나누어 봅시다. 그리고 함께 배우자를 위한 기도제목을 나누어 봅시다.

 오늘의 은혜

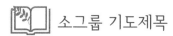 소그룹 기도제목

2-3 고백의 노래 (15분)

- 함께 이 찬양을 마음으로 고백하고, 기도로 마칩니다.

세 번째 음

넓어지며 사랑하다

"이삭이 거기서 옮겨 다른 우물을 팠더니
그들이 다투지 아니하였으므로
그 이름을 르호봇이라 하여 이르되
이제는 여호와께서 우리를 위하여 넓게 하셨으니
이 땅에서 우리가 번성하리로다 하였더라"

창세기 26:22

♪ 세 번째 음 넓어지며 사랑하다

본과의 목적: 넓은 마음으로 선을 행하며 사랑하기
(Key word - 관용, 선대)

3-1 오프닝 토크 (15분)

- 지금까지 살아오면서 나의 것을 빼앗긴 경험, 또는 남의 것을 강제로 빼앗아 본 경험이 있다면 함께 나누어 보세요. 그때의 감정과 그로 인한 결과는 어떠했는지도 나누어 봅시다.

나의 것을 빼앗기거나 남의 것을 빼앗아 본 경험 :

그로 인한 결과와 감정의 변화들 :

3-2 '넓어지며 사랑하다' 말씀 나눔

들어가며 (15분)

중국의 4대 사막 중 하나인 마오우쑤(毛鳥素) 사막에 위치한 '징베이탄'은 사막화의 영향으로 폐허가 되어 버린 도시였습니다. 사람들은 더 이상 그곳에서 살 수가 없어서 도시를 떠나 버렸습니다. 그러나 폐허가 된 그

곳에, 인위쩐(殷玉進) 부부가 살고 있었습니다. 그 부부는 사막에서 살아남기 위해 할 수 있는 모든 것을 해 보았지만 그들의 시도는 실패로 돌아갔습니다.

그러던 중 그 척박한 땅에서도 뿌리를 내린 한 그루의 나무를 보게 되었습니다. 부부는 그 나무를 보며 희망을 발견하고, 그때부터 나무 심기를 계획했습니다. 가난한 부부였지만 정성껏 묘목을 구해서 심고 적은 물이라도 구해서 주변에 뿌려 주었습니다. 점점 심해지는 사막화 영향으로 나무를 키우는 것은 쉽지 않았습니다. 심지어는 나무가 자라면 몰래 베어 가는 도벌(盜伐)꾼들 때문에 어려움을 겪기도 했습니다. 그러나 부부는 20년이라는 세월 동안 꾸준히 나무를 심고 키우는 일에 집중했습니다. 후에 이 소식이 중국 정부에 알려져, 그들은 환경상을 받게 되었습니다. 또한 부부는 '사막을 숲으로 가꾼 위대한 영웅'이라 불렸습니다. 인위쩐 부부의 인내를 보면서, 어떤 생각이 들었는지 잠시 나누어 봅시다.

말씀 속으로 (45분)

오늘 본문 말씀 속에 등장하는 이삭은 아버지 아브라함 때에 있었던 것과 같은 큰 흉년을 만났습니다. 이삭은 살고 있던 땅을 떠나 먹을 것이 있는 곳으로 이주해야 했으며, 함께하는 가족들을 부양해야 하는 책임도 있었습니다. 이런 불안한 삶의 환경 속에서 이삭은 어떻게 그 상황들을 이겨 냈는지 말씀을 통해서 함께 살펴봅시다.

* 창세기 26장 12-33절의 말씀을 함께 읽고 다음 질문에 답해 보세요.

1) 이삭은 흉년이 들어 블레셋 사람들이 살던 그랄 지역으로 이주하게 되었습니다(6절). 이삭은 그곳에서 농사를 지었는데, 그 결과는 어떠했나요? (12-14절)

이삭은 그랄 땅에 살면서 농사를 지었습니다. 그리고 그는 그 해에 100배나 되는 소출을 얻었습니다. 이것은 하나님께서 이삭에게 복을 주셨기 때문입니다(12절). 흉년으로 위기에 처했었지만, 하나님의 함께하심으로 말미암아 이삭은 상황과 환경을 초월하는 은혜를 누릴 수 있었던 것입니다. 그런데 이런 이삭을 보며 시기하는 사람들이 있었습니다(14절).

2) 이삭을 시기한 사람들은 누구이며, 그들은 이삭을 어떻게 대했나요? (14-16절)

블레셋 사람들은 이삭을 시기했습니다(14절). 그래서 아브라함 때에 파두었던 이삭의 우물을 모두 메워 버리며 이삭에 대한 불편한 감정을 직접 표현했습니다. 그리고 블레셋 왕, 곧 아비멜렉을 앞세워 이삭에게 이 땅을 떠나라 경고합니다. 사실 경고라기보다는 선전포고에 가까운 것이었습니다. 이삭은 블레셋 사람들의 괴롭힘에 억울해하거나 일일이 대응하지 않았습니다. 그는 온유한 마음으로 그곳을 떠나 그랄 골짜기에 이르렀습니다(17절).

3) 그랄 골짜기로 옮겨서 새롭게 정착한 이삭이 가장 먼저 한 일은 무엇인가요? 그리고 그 일의 결과는 어떠했나요?
(18-19절)
가장 먼저 한 일 :

그 일의 결과 :

이삭은 그랄 골짜기라는 새로운 터전에 정착하였습니다. 그는 그동안 이뤄 놓은 것을 한순간에 뺏겼지만, 좌절하거나 낙심하지 않고 새로운 일을 시작했습니다. 그것은 우물을 파는 일이었습니다. 비가 적은 팔레스타인 지역에서 우물은 생존을 위해 꼭 필요한 것이었습니다. 그래서 이삭은 우물을 먼저 파기로 합니다.

이삭은 그곳에서 오래전 아버지 아브라함이 파 두었던 우물을 발견하였습니다. 이 우물은 흙으로 메워져 있었습니다. 누가 메운 것일까요? 이것은 아브라함이 죽은 후에 블레셋 사람들이 메운 것이었습니다(18절). 블레셋 사람들이 아브라함 때부터 아브라함의 가정과 족속을 견제하고 시기했음을 짐작해볼 수 있는 대목입니다. 이제 한 가정의 가장이 되고, 히브리 족속의 수장이 된 이삭은 그 우물을 보면서 아버지 아브라함을 떠올렸을 것입니다. 누가 방해하고 훼방해도, 하나님의 축복이 마르지 않았던 아버지 아브라함의 삶을 기억하며 그는 아버지의 우물을 파기 시작합니다. 그리고 그곳에서 샘의 근원을 얻었습니다. 이삭이 '근원'을 얻었다는 것은 다함이 없는 하나님의 은혜가 아브라함에 이어 이삭에게도 임했다는 것을 보여 줍니다.

4) 평안도 잠시, 그랄의 목자들과 이삭의 목자들은 우물로 인해 또 다투게 됩니다. 이 분쟁에 대한 이삭의 대응방식은 어떠한가요? (20-22절)

이삭을 향한 시기와 질투는 그랄 골짜기에서도 일어났습니다. 그랄 지역 목자들은 이삭의 우물이 자신들의 것이라며 우겼습니다. 그래서 그랄의 목자와 이삭의 목자들 간에 다툼이 생기기 시작했습니다. 이삭의 입장에서는 황당하고 억울한 일이었습니다. 그러나 이삭은 종들에게 싸움을 명한 것이 아니라, 우물을 내어 주고 우리가 다른 곳에 가자고 이야기합니다. 이삭이 힘이 없어 그런 선택을 한 것일까요? 오늘 말씀을 보면 이삭은 부유했고, 종도 심히 많은 유력한 사람이었습니다. 그는 힘이 없기 때문에 참은 게 아닙니다.

이삭은 지는 것처럼 보일지라도, 우물을 거저 내어 줍니다. '에섹', '싯나'라는 이름의 우물을 내어 준 이삭은 다시 우물을 팠습니다. 그리고 더는 그랄의 목자들이 따라오지 않자, 그 우물을 '르호봇'(뜻: 장소가 넓음)이라 명했습니다. 이름을 지은 이삭은 이렇게 고백합니다. "이제는 여호와께서 우리를 위하여 넓게 하셨으니 이 땅에서 우리가 번성하리로다"(22절). 여러분, 여기에 이삭의 신앙의 정수가 담겨 있습니다. 이삭은 계속된 억울한 상황, 관계의 어려움 속에서 그랄의 목자들을 주목한 것이 아니었습니다. 이삭은 자신에게 주어진 반복되는 어려움의 시간을 하나님께서 자신을 넓히시는 과정이라고 보았던 것입니다. 인내하고, 인내하고, 또 참아야 했던 이삭의 여정은 그를 넓히셔서 많은 사람을 품게 하시는 하나님의 계획 속에 있었습니다. 하나님께서 이삭을 넓은 사람, 큰 사람으로 빚으셨습니다.

5) 시간이 흘러, 블레셋 왕은 이삭을 찾아옵니다. 그들이 찾아온 이유는 무엇일까요? (28-29절)

시간이 흘러, 블레셋 왕은 친구 아훗삿과 군대 장관 비골을 대동하여 이삭을 찾아옵니다. 그리고 하나님께서 이삭과 함께하고 계시며 복을 주신다는 사실을 인정하고, 먼저 평화의 맹세를 요청합니다. 한 족장의 대표에게 블레셋의 왕이 먼저 찾아온 것은 이례적인 사건이었으며, 심지어 서로를 공격하지 않기로 하는 평화의 맹세를 요청한 것도 그러했습니다. 이삭은 다시 한 번 넓은 마음으로 지금까지의 일들을 용서하고, 그들을 선대하기로 결정합니다. 그리고 그들을 위하여 잔치를 베풀고, 그들이 평안히 가도록 하였습니다. 그리고 그때, 이삭의 목자들이 파고 있던 우물에서 물을 얻게 되었다는 소식도 전해 들었습니다. 그 우물이 바로 '브엘세바', 이스라엘의 최남단 경계인 브엘세바입니다.

6) 사랑하는 여러분, 하나님께서는 선으로 악을 이긴 이삭의 모든 삶을 지켜보고 계셨습니다. 그리고 그로 하여금 마르지 않는 샘이 되게 하셨습니다. 하나님께서는 오늘 우리가 제 2의 이삭, 제 3의 이삭이 되기를 원하십니다. 이삭이 보여 주었던 용서와 베풂은 우리 삶에 어떤 모습으로 적용될 수 있는지 서로의 삶을 관련지어서 나누어 봅시다.

 오늘의 은혜

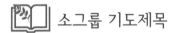 소그룹 기도제목

3-3 고백의 노래 (15분)

- 함께 이 찬양을 마음으로 고백하고, 기도로 마칩니다.

네 번째 음

동행하며 사랑하다

"에서가 달려와서
그를 맞이하여 안고 목을 어긋맞추어
그와 입맞추고 서로 우니라"

창세기 33:4

♪ 네 번째 음 동행하며 사랑하다

본과의 목적: 경쟁심을 버리고 동행하며 사랑하기
(Key word - 경쟁, 동행)

4-1 오프닝 토크: 우리 가족 이야기 (15분)

가족 안에서 여러분은 몇 번째 자녀인가요? 그 사실이 내 삶에 특정한 영향을 끼친다고 느낀 적이 있나요? 함께 이야기를 나누어 보세요.

출생 순위 :

내 삶에 미친 영향 :

4-2 '동행하며 사랑하다' 말씀 나눔

들어가며 (15분)

인간은 누구나 태어나면서부터 타인과 경쟁하는 상황 속에 처하게 됩니다. 가정 안에서, 또 사회생활 속에서 우리는 끊임없이 경쟁의 요구를 받고 있습니다. 사실 어느 정도의 경쟁은 우리 삶에서 매우 자연스러운 일인지도 모릅니다. 그러나 문제는 인간관계를 파괴하고 사랑하며 살아가는 삶을 멈추게 만드는 과도한 경쟁입니다.

이 과도한 경쟁은 외부적 요소뿐 아니라 나의 내면에 의해서도 일어날 수 있습니다. '내 앞에 있는 누군가를 경쟁의 대상으로 여길 것인가, 아니면 사랑의 대상으로 여길 것인가?' 우리가 무엇을 선택하느냐에 따라 우리 삶은 다른 결과를 맞이하게 됩니다.

말씀 속으로 (45분)

오늘 우리가 살펴볼 말씀 속에는 치열한 경쟁구도로 관계가 깨어지고 오랜 시간을 아파했던 두 형제가 등장합니다. 엄밀히 말하면 이들은 쌍둥이였습니다. 간발의 차로 형과 아우가 된 에서와 야곱의 사이는 인생의 결정적인 순간마다 심각한 상황에 이르곤 했습니다. 이들에게는 어떤 문제가 있었던 것일까요?

* 창세기 27:30-45절의 말씀을 함께 읽고 다음 질문에 답해 보세요.

1) 오늘의 말씀은 아버지 이삭이 축복하기를 마쳤다는 구절로 시작합니다. 이삭은 누구에게 축복했나요? (30절)

나이가 든 이삭에게도 생을 마무리할 날이 다가오고 있었습니다. 그래서 이삭은 아버지 아브라함부터 자신에게 이어져 온 하나님의 축복과 약속을 그의 후계자에게 물려주어야겠다고 생각했습니다. 당연히 이삭이 생각하는 후계자는 쌍둥이 자녀 중, 형이었던 에서였습니다. 이삭의 입장에서는 에서가 형이기도 했고, 조용한 성격의 야곱보다는 용맹하고 믿음직스럽다고 여겼을 것입니다.

그러나 이삭의 아내 리브가는 다른 생각을 갖고 있었습니다. 리브가는 에서가 아닌 야곱에게 그 축복이 흘러가기를 바랐습니다. 왜냐하면 에서가 가나안 족속의 딸들과 결혼을 했기 때문입니다. 그것은 하나님을 믿고 따르는 이삭과 리브가 모두에게 근심이 되었던 일이었습니다(26:34-35). 결국 리브가는 남편 이삭을 속이고, 야곱을 에서로 변장시켜 하나님의 축복을 받게 하는 데 성공합니다.

2) 사냥을 마치고 돌아온 에서는 야곱이 자신의 축복을 가로챘다는 것을 알게 되었습니다. 이 일에 대하여 에서는 어떻게 반응했나요? (34, 36, 38, 41절)

에서는 장성한 어른이었습니다. 그러나 아버지가 주기로 한 축복을 야곱에게 뺏겼다는 것을 알았을 때, 그는 소리 높여 울며 고통스러워했습니다. 아버지를 간절히 부르며 자신에게도 축복하여 달라고 그는 매달리고 매달렸습니다. 그러나 이삭이 더 이상 할 수 있는 것이 없었습니다. "내 아들아 내가 네게 무엇을 할 수 있으랴"(37절). 울부짖는 에서를 보며 이삭의 마음도 아프고 속상했겠지만, 이삭은 하나님의 신실하신 이름을 거스르며 축복을 번복할 수 없었습니다. 하나님의 이름으로 이미 준 것을 물리거나 취소하는 것은 구하는 바를 주시고 약속한 바를 지키시는 하나님의 신실하심에 위배되는 것이기 때문이었습니다. 더 이상 이 일을 돌이킬 수 없다는 것을 받아들인 에서는 아버지가 돌아가시면 야곱을 죽이겠노라 다짐하게 됩니다.

태어날 때부터 쌍둥이로 태어났지만 근소한 차이로 형, 아우가 된 에서와 야곱. 그들의 경쟁구도와 갈등은 드디어 클라이맥스로 치닫게 된 것입니다. 아버지의 사랑과 축복을 받기 위해 혼신을 다한 노력, 그리고 당연히 내 몫이라고 생각했던 것이 홀연히 사라진 에서의 마음은 어땠을까요? 또한 수단과 방법을 가리지 않고 부정직하게 결과물을 얻어 내느라 아버지와 형을 잃어버린 야곱의 마음은 어땠을까요? 경쟁으로 인해 남보다도 못한 사이가 되어 버린 이 형제는 다시 사랑의 관계를 회복할 수 있을까요?

3) 야곱을 향한 에서의 미움과 복수의 계획이 어머니 리브가의 귀에 들립니다. 리브가는 야곱에게 무엇을 명하나요? (42-44절)

리브가는 야곱을 피신시키며 한 아들은 살인으로부터, 한 아들은 죽음으로부터 지키고자 했습니다(45절). 리브가는 야곱에게 에서의 화가 풀릴 때까지만 외삼촌 라반의 집에 머물라고 말했습니다. 아마도 리브가는 그 기간이 그리 길지 않을 것이라 생각했던 것 같습니다(44절). 그러나 야곱과 에서가 다시 만나기까지 20년의 시간이 흘러야 했습니다. 그만큼 그들은 감정의 골이 깊었던 것입니다. 20년 후, 이들의 관계는 어떻게 변했을까요?

4) 20년 만에 고향으로 돌아오는 야곱은 이제 혼자의 몸이 아닙니다. 그는 가족과 라반의 집에서 이룬 많은 재산을 이끌고 돌아오고 있습니다. 에서와 야곱이 재회하는 성경의 본문을 읽고, 에서와 야곱의 얼굴을 상상하며 그려 보세요. (창 33:1-10)

야곱은 20년 만에 고향집으로 돌아오게 되었습니다. 하나님께서 그에게 이젠 본래의 집으로 돌아가라고 말씀하셨기 때문입니다(창 31:13). 하나님의 음성을 듣고 돌아온 걸음이었지만, 그에게는 형 에서와의 관계가 두려움으로 남아 있었습니다. 게다가 에서가 사백 명의 사람을 거느리고 오고 있다는 소식은 야곱으로 하여금 이루 말할 수 없는 답답함을 갖게 하였습니다(창 32:7). 야곱은 이 관계를 회복하실 수 있는 유일한 분, 하나님께 밤새 간절히 기도했습니다(창 32:24).

다음 날이 밝고, 야곱은 드디어 형 에서를 마주하게 되었습니다. 야곱은 에서 앞에 엎드려 일곱 번 굽히며 그에게 진심으로 잘못을 빌었습니다. 에서는 그런 야곱에게 달려와 그를 안고 목을 어긋맞추어 입 맞추며 울었습니다(창 33:4). 미움과 경쟁의 관계가 하나님의 때에 하나님의 방법으로 회복되는 감동적인 순간입니다.

또한 우리는 야곱의 태도가 이전과 같지 않다는 것을 발견하게 됩니다. 그는 지금까지 형 에서에게 제대로 된 사과를 한 적이 없었습니다. 그러나 이제 야곱은 자신의 잘못을 뉘우치며, 진심으로 에서에게 사죄하고 있습니다. 진실한 사과를 통해 두 사람은 비로소 화해를 이루고 깊은 사랑의 관계로 나아가게 되었습니다. 더 가지려 싸우던 이들의 마음은 이제, 서로에게 더 주고 나누고 싶어 하는 마음으로 바뀌었습니다(창 33:9, 11). 나아가 에서는 동생 야곱에게 동행을 약속합니다. "에서가 이르되 우리가 떠나자 내가 너와 동행하리라"(창 33:12) 경쟁의 관계가 동행의 관계로 바뀌는 은혜가 임한 것입니다.

5) 본래 하나님이 주신 형제와 자매의 관계는 사랑과 동행의 관계여야 하지만, 현실에선 경쟁과 욕심과 비교로 인해 그 관계가 깨어져 있는 경우가 많이 있습니다. 이 시간 여러분에게도 경쟁심으로 깨어진 관계가 있다면 나누어 보고, 그 관계가 어떻게 회복되기를 바라는지 나누어 봅시다.

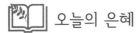 오늘의 은혜

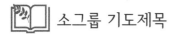 소그룹 기도제목

4-3 고백의 노래 (15분)

- 함께 이 찬양을 마음으로 고백하고, 기도로 마칩니다.

에서와 야곱의 노래

- 창세기 33:4 -

그리스도인의 데이트 베이직

최병화 목사

그리스도인으로서 우리는 세상에서 말하는 데이트와 어떻게 다른 데이트를 해야 하는 것일까요? 그리고 데이트에 앞서 꼭 기억해 두어야 할 것이 있다면 무엇인지 함께 알아볼까요?

I. 먼저, 자신을 알고, 준비되어야 합니다.

1. 자신에 대한 이해가 선행이 되어야 합니다.

   : 누군가를 만나기 위해서는 우선 자신의 성격, 기질, 특성을 기반으로 한 건강한 자존감 형성하는 것이 중요합니다.

2. 이성교제를 시작할 준비가 되어있어야 합니다.

   : 자신이 이성교제를 하기에 충분한 준비가 되어 있는지, 지금 책임감 있게 교제에 임할 수 있는지 시기와 상황에 대한 고려가 필요합니다.

II. 사랑에 대한 의미를 다시 점검해 보아야 합니다.

1. 이 시대는 사랑에 대해서 TV, 영화, 인터넷, 유투브, 소셜 네트워크 등과 같은 아주 다양한 방식으로 정보를 접하게 되며, 시각적, 감각적, 본능적, 상업적인 메시지에 노출되어 있다 보니, 사랑에 대한 의미를 깊이 있게 생각해보지 못하는 경우가 많습니다.

2. 우리가 살아가는 시대는 사랑에 대한 의미도 문화적인 코드와 상황에 따라 다르게 해석합니다. 세대가 변하면서 빠르게 그 의미와 가치들이 변해가고 있음을 기억하며 진정한 사랑이란 무엇인지 성찰해야 합니다.

Ⅲ. 사랑에 대한 함정들!

1. 매력과 사랑은 구별되어야 합니다.
   : 매력은 상대방으로 하여금 끌림을 느끼고 반응하게 하지만, 그것은 사랑
   은 아닐 수도 있습니다.

2. 나와는 다른 사람을 향한 막연한 동경을 사랑이라고 착각할 수도 있습니다.
   : 나와는 다른 어떤 기질이나 성품, 가치관 등으로 인한 모험과 같은 신비감
   은 자신을 위험에 빠뜨릴 수 있습니다.

3. 일방적인 희생은 사랑이 아닙니다.
   : 상대방을 위해서 내가 무언가를 해 줄 수 있기 때문에, 또는 반대로 상대방
   으로부터 무언가를 받을 수 있기 때문에 맺어진 관계는 사랑이 아닙니다.

4. 욕망이 사랑은 아닙니다.
   : 성적인 욕망을 충족하기 위한 만남, 즉, 자신의 외로움을 해결하기 위하여
   육체적인/본능적인 관계를 맺는 것은 사랑이 아닙니다. 사랑한다면 서로를
   더욱 소중히 여겨야 합니다.

5. 상대방으로 인하여 행복해지기 위한 것은 사랑이 아닙니다.
   : 상대방이 자신의 결핍을 채워주고, 자신의 기대와 행복을 채워주기 위한 관
   계는 사랑이 아닙니다.

Ⅳ. 자매와 형제에게 필요한 실질적인 조언!

1. 자매들에게 필요한 조언!
   1) 인생의 목표가 존경할 만하고, 그와 함께 그 길을 갈 수 있는 형제를 찾
   으라!
   2) 도덕적으로 건전하고 당신의 순결을 존중하는 형제를 찾으라!

3) 그 사람 자체 그대로를 존경할 만한 형제를 찾으라!

4) 여성으로서의 아름다움을 인정하고, 그에 적절한 매너를 지키는 형제를 찾으라!

2. 형제들에게 필요한 조언!

1) 나를 신뢰하고 존경할 수 있는 자매를 찾으라!

2) 이기적인 인격의 자매를 경계하라!

3) 신앙적인(영적인) 일에 진정 관심이 있는 자매를 찾으라!

4) 상대방의 입장을 이해할 수 있는 마음과 언행에 절제가 있는 자매를 찾으라!

Ⅴ. 모두에게 필요한 핵심 조언!

1. '상대방의 가능성'에 주목하세요!

1) 현재의 모습으로 평가하는 것이 아니라, 그 사람의 가능성이 기대되는 사람을 찾으세요!

2) 그의 인생 속에 주님을 모시고 주님께서 기뻐하시고 원하시는 삶을 살기를 사모하며, 주님의 뜻에 기꺼이 자신을 순종시키는 사람, 즉 성령에 의해 지배를 받는 사람을 볼 수 있는 안목을 가져야 합니다. 이런 사람은 점점 자라가는 사람입니다. 끊임없이 자기의 허물과 잘못을 인식하며 그것을 고쳐나가고 다듬어 가는 사람입니다.

2. '좋은 사람을 찾는'데 보다는 나 자신이 먼저 '좋은 사람이 되는'데 더 집중하세요!

1) 당신이 '좋은 사람'이 되어가고, 당신이 만나게 될 바로 그 상대방이 '좋은 사람'이 되어갈 때 하나님께서는 당신과 그 사람을 비로소 이끌어 내어 만나게 하실 것입니다.

2) 자신을 준비하는 일에 소요되는 시간들을 아까워하지 말고, 성장의 과정을 거치세요!

3. 급하게 서두르는 것은 금물입니다.
   1) 급하고, 초조한 마음으로 선택을 하는 것은 더 좋은 상대를 만날 수 있는 기회를 버리는 것입니다.
   2) 당신이 원하는 상대에 어울리는 사람이 먼저 되어보세요. 그러면 결국은 하나님께서 예배해 두신, 서로에게 가장 알맞은 상대를 만나게 됩니다.

사랑하다 메모리

언제	누구와

사랑하다를 통해 만났던 이들의 이름과 함께 했던 때를 적어보세요. :-)

언제	누구와

로드앤로드 미니스트리
새로운 제자훈련 시리즈 워크북 ❶

발행 서유진, 최병화
편집 서유진
기획 로드앤로드 미니스트리
집필 서유진, 전효성, 최병화
디자인 한빛애드프린원 이유진
일러스트 이미진
교정 서유경
음악해설 및 작곡 전효성
제작섬김이 정연숙, 김명희, 김현기, 신태섭, 김경숙, 이소영
인쇄 한빛애드프린원
감수 장흥길, 서원모, 임창복, 유영식, 이진원
추천 서원모, 김병년, 강성희
2024년 7월 25일 1판 1쇄 펴냄

펴낸 곳 로드앤로드 미니스트리
등록번호 제559-2022-000022
주소 경기도 양주시 옥정동로7다길 12-13 폴리타워 402호
전자우편 biblebeingbelong@gmail.com

ISBN 979-11-988399-2-3
     979-11-988399-0-9 (세트)

✦이 책을 사랑하고 보고픈 언니, 서유경님께 바칩니다. 하나님나라와 복음 전파를 위해 살았고 마지막 순간까지
  천국소망으로 영원한 생명을 노래했던 서유경님을 사랑하고 존경합니다.